Gelassene Eltern – starke und glückliche Kinder

Der Autor

Jürgen Weigel, geboren 1955, Lehrer an einer Mittelschule in Bayern, verheiratet mit einer Grundschullehrerin und Vater zweier erwachsener Kinder. Als Beratungslehrer ist er als Referent an einer Pädagogischen Akademie tätig. Er hält Vorträge an weiterführenden Schulen („Pubertät – voll das Leben"); sowie an Grundschulen und in Kindergärten („Gelassene Eltern – starke und glückliche Kinder").

In Lehrerfortbildungen setzt er sich mit den Themen „Schule vom Kind her denken" und „Lehrer ist ein Beziehungsberuf" für eine humane, kindgerechte Schule ein. In seiner Freizeit ist er begeisterter Basketballtrainer.

Jürgen Weigel

GELASSENE ELTERN – STARKE UND GLÜCKLICHE KINDER

Eine Recherche, wie das Leben mit Kindern gelingt

Engelsdorfer Verlag
Leipzig
2012

Bibliografische Information durch die Deutsche Nationalbibliothek:
Die Deutsche Nationalbibliothek verzeichnet diese Publikation in der Deutschen Nationalbibliografie; detaillierte bibliografische Daten sind im Internet über http://www.dnb.de abrufbar.

ISBN 978-3-86268-838-8

Hergestellt in Leipzig, Germany (EU)
www.engelsdorfer-verlag.de

11,99 Euro (D)

Inhalt

Dieses Buch

will ganz schön viel. Es richtet sich an Eltern, die sich in großer Verantwortung um ihre Kinder kümmern und sich das Beste für ihr Kind wünschen. Es möchte den Nachweis erbringen, was tatsächlich dieses Beste für ein Kind ist und Eltern zu mehr Gelassenheit und Vertrauen in sich und ihre Kinder führen. Es ist Ziel dieses Buches, all diejenigen zu ermutigen, die ganz intuitiv das Richtige tun, um ihren Kindern eine glückliche Kindheit zu ermöglichen.

Es ist ein „Aufbaubuch“ insofern, wie es Eltern ermuntert, ein positives Bild von sich und ihren Kindern zu entwickeln. Es kann insbesondere in Zeiten der Pubertät der Kinder hilfreich sein, diese gelassener zu betrachten.

Das Buch ist das Ergebnis einer langjährigen Suche danach, was Kinder brauchen und was Eltern tun können, damit das Leben mit Kindern gelingt? Antworten liefert der Autor in der Darstellung seiner eigenen Erfahrungen im Umgang mit Kindern, sowie in der Präsentation einschlägiger Literatur. So ist dieses Buch auch ein Buch voller Wissen aus Psychologie, Neurologie und Pädagogik, welches Eltern helfen soll, eine gesunde Haltung für ein Leben mit Kindern zu finden. Es ist ein Buch voller Lebensphilosophie, indem es zum Beispiel beschreibt, wie Menschen Kinder „ticken“ und wie Glück funktioniert. Und es ist nicht zuletzt ein Buch voller humorvoller Geschichten und Sprüche aus dem ganz normalen Leben mit Kindern, Schülern, Lehrern und Eltern.

Es lohnt sich dieses Buch zu lesen,…

… wenn Sie erfahren wollen, warum Sie eine gute Mutter oder ein guter Vater sind.

… wenn Sie erkennen wollen, wie sich Kinder entwickeln, wie sie lernen und Sie wissen wollen, was Kinder brauchen, um stark zu werden und eine glückliche Kindheit zu leben.

… wenn Sie wissen wollen, warum es sich lohnt seinen Kindern zu vertrauen und ihrer Zukunft mit Zuversicht entgegen zu sehen.

… wenn Sie ein Menschfreund sind, der an gelingende Beziehungen und an die Macht der Gefühle glaubt.

… wenn Sie Humor besitzen und wissen wollen, warum Humor Kinder durch das Leben trägt.

… wenn Sie tatsächlich erfahren möchten, was Glück schafft und was man für sein eigenes Lebensglück tun kann und wie man Kindern zu einer glücklichen Kindheit verhilft.

… wenn Sie sich für Psychologie interessieren.

Es lohnt sich nicht, dieses Buch zu lesen,…

… wenn Sie mit Ihrem Kind Probleme haben und sich ein Rezept zur Problemlösung erwarten. Das kann dieses Buch nicht leisten.

… wenn Sie keinen Bezug zu Psychologie haben und das Gerede über Bedürfnisse und Gefühle von Kindern und Menschen für Unfug halten.

… wenn Sie denken, dass Kinder einfach funktionieren müssen. Sie glauben, die Welt ist halt so wie sie ist und diesen Gegebenheiten müssen sich Kinder anpassen. Wir (Erwachsene) mussten das ja schließlich auch. Da muss jeder durch. Außerdem ist jeder seines Glückes Schmied und es hängt von Disziplin und eisernem Willen ab, sein Ding zu machen.

… wenn Sie glauben, dass das, was aus Kindern wird durch Gene vorbestimmt ist.

Wenn dem so ist, dann verschenken Sie dieses Buch einfach oder lesen Sie es doch, um ihre Einstellung zu überdenken.

Das Buch soll den Leser auch unterhalten. Es ist gespickt mit Sprüchen und Lebensweisheiten. Es lohnt sich, diese zu reflektieren und darüber zu diskutieren. *Die aufgeführten, mitunter* ***amüsanten oder unterhaltsamen Geschichten*** *sind kursiv geschrieben.* Für ein gelingendes Leben mit Kindern gibt es keine Rezepte, keine Medizin. Die im Buch ausgeführten Tipps dienen dennoch der Hilfestellung und bieten ein Angebot für konkrete Handlungsempfehlungen, insbesondere Abschnitt 36 über Kommunikation. Sie können sich durch die Lektüre des Buches einen Menge Wissen aneignen, das ihnen hilft, eine aufrechte Haltung zu entwickeln: eine Einstellung für eine Welt, in der Kinder den Platz einnehmen, der ihnen angesichts ihrer Rechte und Bedürfnisse zusteht. Eine Haltung, mit der Sie rechtfertigen können, warum Sie zu ihren Kindern uneingeschränkt stehen, weil sie wissen, dass sie in ihrem Leben „ihr Ding machen werden", vor allem, weil Sie alles tun, damit das Leben ihrer Kinder gelingt und sie eine glückliche Kindheit leben.

Der erste Teil enthält eine Bestandaufnahme, wie es in diesem Land um das Leben der Kinder bestellt ist. Ich werde darlegen, wie die meisten Eltern sich wirklich rührend um ihre Kinder kümmern, andere sich aber auf Irrwege begeben, und so letztendlich nicht zu einer gesunden Entwicklung von Kindern beitragen.

Den Kern des Buches finden Sie im dritten Kapitel. Darin möchte ich beschreiben, **was Kinder wirklich brauchen und warum elterliche Gelassenheit und Zuversicht so wichtig für die Entwicklung ihrer Kinder sind.** Als besonders bedeutsam erachte ich die Erkenntnisse im Abschnitt 14 „Kinder brauchen gelassene Eltern dank eines positiven Bilds von ihren Kindern und, 16 „Kinder brauchen Eltern, die alles für eine sichere Bindung und eine gelingende Beziehung zu ihren Kindern tun." Antworten auf die Fragen, wie man Kinder erziehen und fördern sollte, finden Sie in den Abschnitten 22 und 23. Spannend ist auch die Frage der Bildung des Selbstwertgefühls von Kindern (21), die Bedeutung von Humor im Leben (24) und die Frage, was letztendlich Glück schafft (25). Eltern können in der Tat zum Lebensglück ihrer Kinder beitragen. Lesen Sie dazu die Erkenntnisse aus der Positiven Psychologie im vierten Kapitel: „Warum Eltern die Sonne im Leben ihrer Kinder sein können." All diese theoretischen Erörterungen münden in das fünfte Kapitel, in dem es um eine Konkretisierung mit zahlreichen Tipps geht, was Eltern wirklich tun, damit Kinder stark werden und glücklich leben. Den Abschluss bildet ein bisschen Lebensphilosophie: „Was wir von Kindern lernen“ und „Was wäre das für ein Leben – ohne Kindern?“

„Vom ersten Tag an haben Kinder zwei Grundbedürfnisse:

Sie wollen sich gebunden, angenommen und geliebt fühlen und an Herausforderungen wachsen.“

Professor Gerald Hüther

Vorwort

Eine Situation bleibt mir bestens in Erinnerung. Ich schaue mit meiner Frau die ZDF-Dokumentation 37 Grad an, die Folge „Das Jahr der Entscheidung". Dabei werden einige bayerische Kinder und ihre Mütter im vierten Jahr der Grundschule portraitiert. Es wird dargestellt, wie sie dieses Schuljahr erleben, in dem die Weichen gestellt werden, ob die weitere Schullaufbahn an Haupt-, Realschule oder am Gymnasium erfolgt. Mütter mutieren dabei zu Übertritts-Coaches. Trainings- beziehungsweise Lernpläne hängen am Kühlschrank. Das Leben der Kinder ist getaktet – ein Leben voller Ernsthaftigkeit, Disziplin, Anstrengung und Lernarbeit – von glücklicher Kindheit keine Spur. Die Erwartungs- und Anspruchshaltung der Mütter lastet tonnenschwer auf der Psyche der Kinder – einfach grauenhaft, welchem Druck Kinder ausgesetzt sind. Am Ende saßen wir mit Tränen in den Augen und empört vor dem Fernseher und fragten uns. ***„Was wird da Kindern angetan?"***

Die Problematik ist uns sehr wohl bekannt. Meine Frau unterrichtet an einer bayrischen Grundschule in der 3./4. Klasse. Ich selbst bin Lehrer an einer Mittelschule halte als Beratungslehrer die Informationsabende zum Übertritt an weiterführende Schulen.

Sicherlich ist es eine Aufgabe von Schule, schulische Leistungen zu erheben, Noten zu geben und auch die Selektion in die verschiedenen Schularten anzubahnen oder dafür Empfehlungen auszusprechen. Aber das ist nur ein Teilbereich, er darf nie das Leben von Kindern derart massiv beeinflussen, das heißt es sollte und darf nicht die Kernaufgabe sein. Schule muss vom Kind her gedacht werden. Alle Schulen müssen sich fragen, was Kinder und Jugendliche in dieser schnelllebigen Welt wirklich an nachhaltiger Bildung brauchen. Denn Bildung ist weitaus mehr als nur Inhalte, die in einzelnen Fächern vermittelt werden. Ich denke, das wird in der schulischen Welt oft zu wenig reflektiert, ausgenommen an reformpädagogisch orientierten Einrichtungen oder den vielen Schulen, die sich mittlerweile auf den Weg machen. Da wird in Zukunft noch vieles geschehen.

Für die Kinder ist aber letztlich entscheidend, was **Eltern** aus dem System machen, wie sie mit den schulischen Gegebenheiten umgehen und wie sich all das auf ihre Kinder auswirkt. Und oft leiden Eltern in diesem System, das Ängste generiert, zum Teil mit Konkurrenzdruck und Angst arbeitet, mit ihren Kindern mit. Viele Eltern stresst Schule und ein Problem ist, dass sich dieser elterliche Stress auf Kinder überträgt. Manche sind doppelt gestresst, durch die Schule und durch das, was Eltern daraus zuhause machen. Dafür braucht es oft gar keine Worte, die Kinder das intuitiv. Dahinter steckt das Phänomen der Spiegelneuronen (Erklärung, siehe S. 92).

Dies alles führte mich als Beratungslehrer dazu, in Grundschulen und Kindergärten einen Vortrag zu dem Thema dieses Buches zu halten. Meine Motivation war, die Luft herauszunehmen aus dem Selektionsdruck, der an (bayerischen) Schulen zum Leidwesen von Kindern, Eltern und auch Lehrern herrscht. Ziel ist es, Eltern zu einer für ihre Kinder **förderlichen Haltung** zu führen.

Grundlage des Buches ist meine Verwunderung, zum Teil auch mein Entsetzen, wie manche Eltern mit ihren Kindern umgehen. Sie leben Konventionen und Rollen, im Grunde Selbstverständlichkeiten, die aus meiner Sicht einfach nicht (mehr) haltbar sind. Andere wiederum sind äußerst verunsichert, um nicht zu sagen verängstigt. Manche betreiben einen fragwürdigen Förderhype. Eltern scheinen sich in dieser modernen Welt zu verirren und sind sich unsicher wie ein Leben mit Kindern gelingen kann.

Wissenschaftler belegen, wie sich Kinder entwickeln, wie sie lernen, was für ihre Entwicklung von Nutzen ist, was ihnen schadet, wie sie zu starken Persönlichkeiten und glücklichen Menschen heranreifen. Den Schlüssel dazu haben die wichtigsten Menschen im Leben der Kinder in der Hand: die Eltern. Sie können sie mit allem Guten, das sie ihren Kindern tun, stärken und letztendlich glücklich machen. Dazu braucht es gar nicht so viel.

Das Niedergeschriebene ist die Zusammenfassung meiner Erfahrungen, gesammelt in dem Leben mit den eigenen Kindern und Schülern und all der Erkenntnisse jahrelanger Recherche. Es lebt darüber hinaus von anschaulichen Geschichten und aussagekräftigen „Weisheiten", die ich in Kindergärten und Grundschulen bei Vorträgen zu diesem Thema anspreche.

„Es gibt keine objektive Wahrheit" (Watzlawick).

Dieses Buch ist meine **subjektive Sicht des Lebens mit Kindern**.

Es bietet dem Leser Antworten auf pädagogisch-psychologische Fragen:

Was ist das Beste für mein Kind?

Wie können wir Kinder fördern?

Wie kann Erziehung gelingen?

Was brauchen Kinder, um stark zu werden und glücklich zu leben?

Darüber hinaus enthält das Buch Erkenntnisse zu Bildungs- und lebensphilosophischen Fragestellungen.

Wie „ticken" Menschen im Allgemeinen und insbesondere junge Erwachsene in der Pubertät?

Wie „ticken" Eltern?

Wie funktioniert Lernen?

Was tun, wenn es in der Schule schwierig wird?

Wie überstehen wir stürmische Zeiten der Pubertät?

Was ist Glück und kann man Glück lernen?

Was können Eltern zum Lebensglück ihrer Kinder beitragen?

Kinder lernen von ihren Eltern, aber was lernen Eltern von ihnen?

Das Buch enthält meine reflektierte, aber vor allem empfundene Wahrheit, **wie das Leben mit Kindern gelingen kann**. So bin ich insbesondere davon überzeugt, dass Menschen mehr über ihre Gefühle als ihre Vernunft ticken. In dieser These bestätigte mich im Grunde der Arzt und Buchautor Eckhard von Hirschhausen. Als Moderator der NDR-Talk-Show stellte er fest: „Schauen wir zurück auf unsere Schulzeit, so erinnern wir uns weniger an das, was wir gelernt haben. Wir behalten aber sehr wohl die Atmosphäre in der Klasse und die Gefühle im Kopf, welche Lehrer in uns hervorriefen." – Eine bemerkenswerte Erkenntnis.

In der Arbeit als Lehrer sehe ich vor allem die Beziehungspsychologie als wichtigen Faktor. Letztlich ist Lehrersein ein Beziehungsberuf, und Vater oder Mutter zu sein, bedeutet neben viel Liebe vor allem auch, sich als Person mit seinen Beziehungskompetenzen und seiner Persönlichkeit einzubringen. Und es ist vor allem das Vorbild der Eltern, das ihre Kinder durch das Leben trägt, wie ich anschaulich ausführen möchte.

Was ich von Medizinern und dem Familientherapeuten Jesper Juul über Kinder und das Leben mit Kindern gelernt habe:

Professor Hüther stellt folgende These auf:

„Wir haben eine große Tradition im Dressurlernen, wissen aber nicht, wie man Haltungen entwickelt."

(DVD: Vortrag Prof. Dr. med. Gerald Hüther: Was Kinder brauchen – Neue Erkenntnisse aus der Hirnforschung, Seminar in Zürich, Juli 2006, Auditorium Netzwerk 2006, jokers edition)

Ich bin so vielen Wissenschaftlern dankbar, die mich zu dieser Haltung geführt haben, die ich mit Leidenschaft debattiere: dem Neurologen und Psychiater Professor ***Joachim Bauer,*** der meine Verunsicherung vertrieb, dass Erziehung und Lehrersein nicht in erster Linie eine Sache von Disziplin und Gehorsam, von Autorität und dem Setzen von Grenzen ist, wie es der Leiter des Internats von Salem Bernhard Bueb vertritt, sondern dass es dabei vor allem um Beziehung, um Vorbildwirkung, um Begeisterung, um Authentizität, um das Funken der Spiegelneuronen, geht.

Und es ist so segensreich, **Jesper Juul**, den dänischen Familientherapeuten in Talkshows, in Gesprächen zu erleben und dank seiner Bücher zu erfahren, dass die Qualität der Beziehung zu Kindern und auch zu anderen Menschen, von dem Prinzip der Gleichwürdigkeit lebt. Jesper Juul habe ich insbesondere zu verdanken, dass ich eine andere Form der Sprache entwickelt habe, einer persönlichen Sprache, wie er sie bezeichnet. Diese hilft, Kindern und anderen Menschen besser gerecht zu werden und auch mir, meine Bedürfnisse und Anliegen treffender zu artikulieren, vor allem in Konfliktsituationen. Jesper Juul, die Wochenzeitschrift „Die Zeit" nannte ihn den „Sokrates unter den Pädagogen", öffnet so vielen die Augen, wie aus Erziehung Beziehung werden muss, dass es vor allem um Empathie, Dialog und Gelassenheit geht.

Und ich freue mich, in der Begegnung mit Ärzten so viele Erkenntnisse für ein Leben mit Kindern bestätigt gefunden zu haben.

Bei dem Schweizer Kinderarzt **Remo Largo** wurde mir klar, wie wenig wir Kindern mit dem permanenten Vergleichen gerecht werden, da jedes Kind ein anderes Timing in seinem Werdegang entwickelt. Ihm verdanke ich das Wissen, wie sich Kinder gesund entwickeln und Antworten auf die Frage, wie Kinder tatsächlich lernen.

Lehrer sind oftmals gute Pädagogen, „Gutmenschen“, didaktisch-methodische Meister ihrer Facher. Viele fokussieren sich auf das formelle schulische Lernen und stoßen im schulischen Alltag an Grenzen. Spätestens in der Pubertät geht da nur noch wenig. Das erfahren Lehrer täglich. Die Neurologen **Manfred Spitzer und Gerhard Roth** öffnen einem die Augen, wie Lernen und Schule gelingen kann. Ihre Bücher „Medizin für die Schule“ (Manfred Spitzer, Spektrum Sachbuch, 2010), sowie „Bildung braucht Persönlichkeit“ (Gerhard Roth, Klett-Cotta, 2011) müssten Pflichtlektüre von Kultusministern, Bildungspolitikern und Lehrerausbildern werden. Eltern sollten die Bildung ihrer Kinder nicht nur den Institutionen überlassen, sondern eine eigene Haltung dazu entwickeln. Die Überzeugung, dass wir Kindern mehr Vertrauen entgegenbringen müssen und es allen Grund gibt, mehr Gelassenheit im Leben mit Kindern zu entwickeln, verdanke ich der Positiven Psychologie, insbesondere deren Gründungsvater Martin Seligman. Er beschreibt anschaulich eine „Positive Erziehung“ und die Bedeutung von positiven Emotionen.

TIPP: Es lohnt sich, sich mit den Büchern dieser Ärzte und von Jesper Juul zu beschäftigen, um zu verstehen, wie Kinder „ticken“, wie sie sich entwickeln, was sie brauchen und wie sie lernen. Wesentliche Erkenntnisse werden Sie diesem Buch entnehmen.

Neben den Thesen Jesper Juuls werde ich immer wieder die Erkenntnisse **Gerald Hüthers** ansprechen. Der Biologe, Neurologe und Psychotherapeut geht in dem Vortrag „Was Kinder brauchen“ darauf ein, dass die emotionale Bindung der Kinder zu Bezugspersonen extrem bedeutsam ist.

(DVD: Vortrag Prof. Dr. med. Gerald Hüther: Was Kinder brauchen – Neue Erkenntnisse aus der Hirnforschung, Seminar in Zürich, Juli 2006, Auditorium Netzwerk 2006, jokers edition)

Er beschreibt, wie Kinder am Meistern von Problemen und Herausforderungen wachsen, wie sie immer dazulernen. Er skizziert die Perspektiven, wie sich Schule und Gesellschaft entwickeln könnten. Das alles beinhaltet sein Vortrag „Kinder brauchen Bildung“. Hüther trägt seine Vorstellungen in seinem aktuellen, aus meiner Sicht genialen Buch zusammen: „Was wir sind und was wir sein könnten“. Gerald Hüther verdanke ich die aufrechte Haltung, welche Gegenstand dieses Buches ist. Ich darf Sie einladen, diese zu reflektieren. Sie werden sehen, dass Sie in der Art, wie Sie mit Ihren Kindern leben, wie Sie sie fördern und sich um sie kümmern auf einem guten Weg sind. Mögen Sie erkennen, dass das Leben mit Kindern im Grunde eine einfache Sache ist, die Pestalozzi auf die Formel brachte:

„Erziehung ist Liebe und Vorbild, sonst nichts."

Nur, wie ticken Eltern?

Die meisten gehen sehr liebevoll und verantwortungsbewusst mit ihren Kindern um, aber manche haben sich einfach „vergaloppiert".

1. Kapitel: Eltern und Kinder heute – eine Bestandsaufnahme

1 Eltern heute – eine Bestandsaufnahme:

Es war ein schöner Tag, die Hochzeit meines 20 Jahre jüngeren Bruders. Besonders gefiel mir aber, dass viele seiner Freunde dabei waren. Nach der standesamtlichen Trauung war das Rathaus voller kleiner Kinder und schwangerer Frauen. Ich gewann den Eindruck, dass Ehe, Familie, Kinder im Freundeskreis meines Bruders IN sind. Und es gefällt mir zu sehen, wie bei ihnen familiäre Geburtstagsfeiern zu regelrechten Kinderpartys werden, mit drei Generationen an den verschiedenen Tischen. Sie sind wirklich tolle Eltern, diese jungen Menschen um die 30. Sie kümmern sich liebevoll um die Kinder, leben die damit verbundene Verantwortung, tun alles für ihre Bambini, auch die Väter sind maßgeblich involviert. Die Mamas haben aber immer noch eher das Sagen, wie mir scheint.

Und es sind auch tolle Eltern, die ich in meinem Umfeld beobachte. Es verdient meinen vollen Respekt, wie sie sich um Anna, Benedikt, Alexander, Anna-Lena, Tim, Leon, Matthias, Lena, Sofie, Jonas, Hanna, Verena, Lea und Linus, … liebevoll kümmern. Wie sie ihre Kinder ganz in das Zentrum ihres Lebens stellen, manche Kollegin mit viel Frauenpower den Spagat zwischen Beruf und Familie schafft und sich dabei noch engagiert, im Kindergarten als Elternbeirat, in schulischen Angelegenheiten, bei Musik-, Tanz- und Sportaktivitäten der Kinder, und wie sie die gemeinsame Freizeit gestalten. Das verdient viel Anerkennung.

Ich denke, dass meine Generation einen ganz anderen Bezug zu Kindern entwickelte als unsere Eltern. Als unsere Kinder in den 80er Jahren zur Welt kamen, wurde es selbstverständlich, dass Väter bei den Geburten dabei waren und Stillen wurde von engagierten Stillmüttern als das Beste für das Kind propagiert. Kinder waren bedeutsam, Mütter blieben ihnen zuliebe zwei bis fünf Jahre zuhause und die Väter wurden Väter, die da waren und sich einbrachten. Wenn ich heute mit Gleichaltrigen über unser Leben mit Kindern spreche, komme ich immer wieder zu dem gleichen Punkt: Unsere Kinder haben sich bestens entwickelt, im Grunde waren viele Sorgen und Ängste unberechtigt und ich mache Komplimente: Wir waren die Generation von Eltern, die sich sehr um ihre Kinder gekümmert hat. Heute sage ich gerne zu Freunden: „Schaut, was aus euren Kindern geworden ist. Das haben wir gut gemacht. Unsere Kinder sind glücklich, vor allem auch, weil alles Gute, das wir ihnen zukommen ließen, sich nachhaltig positiv auswirkt hat.“

Nur die heutige Zeit ist so schnelllebig und aus irgendwelchen Gründen stehen viele Eltern unter einem unheimlichen Druck oder sind verunsichert. Es gibt so einige Erscheinungen, die mich auch nachdenklich stimmen, weil Kinder darunter leiden.

In dem lesenswerten Buch „Eltern brauchen Grenzen“ (Piper Verlag, 2009) hält der Journalist Uli Hauser Eltern den Spiegel vor. Er fordert: „Rettet die Kindheit.“ Nur eine Kindheit in Freiheit und Geborgenheit biete eine solide Basis für ein glückliches Leben. Er kritisiert Turboschule, Förderwahn, überängstliche Eltern und behauptet, Kinder hätten es heute nicht leicht. Er meint: „Job der Eltern ist es sich und ihren Kindern Respekt beizubringen.“ Eltern sind ihren Kindern um Jahre voraus. – Kinder erwarten Anweisungen. Sie erwarten, dass Vater und Mutter der Verantwortung, die sie bei der Geburt ihres Kindes übernommen haben, auch gerecht werden. Dass sie um die Balance wissen, zwischen Festhalten und Loslassen. „Starke Väter und starke Mütter sind notwendiger als je zuvor“, sagt Wolfgang Bergmann. Kinder wollen wissen, wo es langgeht. (S. 216). Hauser beschreibt, wie Kinder in Familien die Macht übernommen haben und eine Einstellung lebten: „Ich, alles, sofort!“ Eltern würden dieser Haltung nicht Einhalt gebieten. So würden Eltern im Prinzip ihre Persönlichkeit aufgeben. Eltern hätten sich selbst verlaufen. „Kinder schreien nach Liebe und nach Führung, wollen sich binden und erwarten Vertrauen. Sie sehnen sich nach klaren Ansagen. Nach Eltern, die ihre eigenen Grenzen kennen. Und den Horizont ihrer Kinder erweitern, Schritt für Schritt“. Hauser fordert Eltern auf, geduldig zu sein: „Kinder können viel, aber alles zu seiner Zeit“ (S. 219). – „Heute ist weniger die Frage, ob es den Kindern gut geht mit ihren Eltern: vielmehr, ob sich die Eltern gut fühlen mit ihren Kindern. Die Reihenfolge hat sich verdreht.“ – „Eltern, lasst die Kinder in Ruhe und kommt auch mal selbst zur Ruhe.“ – „Lasst den Kindern ihre Ecken und Kanten und stutzt sie nicht ständig zurecht“. Eltern müssen nicht fortwährend erziehen, man muss sich nicht ständig darüber einen Kopf machen, was man erlaubt, verbietet, kontrolliert, lobt, tadelt, ob man loslassen soll oder nicht. „Kinder regeln vieles von alleine, wenn man sie laufen lässt. Eltern sollten ihren Kindern nicht hinterher rennen. Sie sollten ihnen voraus sein. Oft einfach mal stehen bleiben“ (S. 222).

Ein Kernproblem scheint außerdem zu sein, dass Kinder wie auch Eltern unter dem leiden, was man mit dem schönen Begriff Naturdefizitstörung bezeichnen könnte. Darunter versteht man unter anderem zu wenig Demut und Vertrauen in die natürliche Entwicklung von Kindern, von der Geburt an und auch später, Probleme der „pädagogischen Käfighaltung" bis hin zu dem, dass Kinder einfach keine Naturerfahrungen sammeln können. Das mag daran liegen, dass Eltern sie nicht loslassen und sie nicht einfach das tun können, was sie am liebsten möchten, nämlich draußen mit anderen Kindern spielen.

Ein Problem ist sicherlich auch, dass viele Eltern Probleme haben, ihre Kinder in ihr Leben zu integrieren, besonders dann, wenn sie sich sehr dem Beruf und ihrer Karriere verschrieben haben. Bei einem 50- und mehr Stundenjob wird das ein schwieriges Unterfangen, vor allem für die Mütter, die auch beruflich erfolgreich sein wollen. Dann ist das Leben getaktet und Kinder müssen das mittragen. Das kann problematisch werden, weil Kinder ihren eigenen Rhythmus haben, und der schaut wirklich anders aus als der stressgeplagter Eltern. Kinder müssen vieles lernen: raus aus dem Bett, schnell anziehen, ab zur Krippe und die Mama oder der Papa haben zu tun, dass einer Tim oder Tina um halb fünf wieder abholt. Kinder müssen vor allem eins: funktionieren, von klein auf und später in der Schule sowieso.

Wenn ich junge Eltern sehe, muss ich manchmal vor Verwunderung mit dem Kopf schütteln. Warum müssen zum Beispiel junge Mütter beim Stillen endlos per Handy mit ihrer Freundin quatschen? Wieso erkennen sie nicht, dass dies eine Zeit ist, die ganz dem Baby gehören sollte? Kinder haben ein Recht auf eine handyfreie Zeit der Eltern, eine Zeit, die man nur ihnen widmet. Warum „parken" Eltern kleinste Kinder vor dem Fernseher? Damit sie ihre Ruhe haben. Muss man sein Baby in der Kinderkrippe des Fitnessstudios abgeben, um zwei Stunden zu shoppen? Manche Eltern sind einfach hedonistisch veranlagt. Sie leben nach dem Lustprinzip, und sind nicht bereit, der Kinder zuliebe auf so manches zu verzichten.

Manche familiäre Strukturen sind geradezu pathologisch. Mitunter entwickeln Eltern ein äußerst fragwürdiges Verhältnis zu ihren Kindern. Derartige Beziehungsstörungen beschreibt der Kinder-Psychotherapeut Michael Winterhoff in seinen Büchern. Er erklärt, wie Kinder zu Tyrannen werden und was, aus seiner Sicht dagegen gemacht werden kann – interessante Erkenntnisse und Balsam für die Seelen stressgeplagter Erzieher und

Lehrer. Ich werde diese in der Folge ausführen. Eigentlich stecken schwache Väter oder Mütter dahinter, die größtenteils ihr Leben selbst nicht auf die Reihe kriegen. Das Problem ist aber, dass sie ihren Kindern im Grunde ihre Kindheit rauben.

Ähnliches gilt für die, wie ich sie nenne, Super-Nanny-Eltern: Mütter oder Väter, welche aus den verschiedensten Gründen mit der Erziehung von Kindern völlig überfordert sind. Eltern, die kaum in der Lage sind, mit ihren Kindern eine gesunde Beziehung zu leben und sie zu starken Persönlichkeiten zu erziehen. Diese Kinder können einem wirklich leidtun. In Ermangelung einer liebevollen Anbindung an die Eltern werden sie aggressiv und/oder depressiv. Diesen überforderten Eltern muss vom Staat geholfen werden, eben durch beratende Erzieherinnen à la Super-Nanny, durch Ganztagskrippen, Kindergärten und Ganztagsschulen mit „Gutmenschen", welche diese Erziehungsdefizite kompensatorisch ausgleichen.

Ein gewisses Verständnis habe ich auch für eine weitere Kategorie von Eltern. Für sie ist das eigene Kind wie ein Wunder, das nach besten Möglichkeiten gefördert werden muss, damit es ein Erfolgsmodell wird. Sie tun alles für ihr Kind, vor allem stecken sie auch viel Geld in die Ausbildung ihres Prinzen oder ihrer Prinzessin. Um die Kinder wird ein irrsinniger Hype betrieben, und oftmals läuft der Weg zum Erfolg über Disziplin und Drill, wie es die amerikanische Professorin Amy Chua in ihrem Buch propagiert. Sie ist wahrlich eine Tigermutter. Ich habe das Gefühl, dass es tatsächlich auch vielen deutschen Müttern gefällt, derart Kontrolle über das Leben ihrer Kinder auszuüben. Sie pushen ihre Kinder, um sich selbst gegenüber die Gewissheit zu gewinnen, alles für ihr Kind getan zu haben.

Aber die Dosis macht das Gift, und so sehe ich eine Menge verunsicherter, sorgenvoller, um nicht zu sagen verängstigter Eltern, vor allem Mütter. Mütter, die eng verbunden sind mit ihren Kindern, ihrer Aufgabe gerecht werden wollen und sich bestens kümmern; sich zum Teil über Gebühr bemühen, wie ich denke. Das ist wirklich wichtig und dagegen ist im Prinzip gar nichts zu sagen. Für sie habe ich das meiste Verständnis und dieses Buch richtet sich insbesondere an diese Kategorie von Eltern. Ihnen scheint mir das zu fehlen, was ich in diesem Buch belegen und propagieren möchte: dass das Leben mit Kindern am leichtesten geht, wenn man es mit einer gewissen **Gelassenheit** angeht. Wenn man sich auch einmal zurücknimmt im Vertrauen, dass Kinder ihren Weg gehen. Wenn man früh lernt loszulassen, damit das Kind sich frei entwickeln kann und dass man vor allem auch als Mutter (oder Vater) auf sich selbst schauen muss. Ich befürchte, dass so manches Kind in der Beziehung zu seinen Eltern einer pädagogischen Käfighaltung unterzogen wird. Ich habe den Eindruck, dass wir überhaupt zu lange auf Kindern „hocken". Das gilt für Eltern wie für Schule.

Oftmals frage ich die Eltern in meinen Beratungsstunden: Wer hat eigentlich das Problem: Ihr Kind oder Sie? Und das Problem ist oft, dass Mütter den Wunsch haben, ihre Aufgabe als Mutter bestens zu bewerkstelligen, mitunter auch, weil der Ehemann das einfordert, oftmals gar nicht offen ausgesprochen. So darf es in der Schule keine Probleme geben. Das ist Sache der Mama und sie ist verantwortlich für den schulischen Erfolg des Kindes. Ich sage dann immer im Sinne Jesper Juuls: „Sie haben nur eine Verantwortung und das ist die für eine gute Beziehung zu ihrem Kind."

Im Übrigen generieren vor allem zufriedene und glückliche Eltern starke und glückliche Kinder. Ich bin ein großer Anhänger von Frauenpower. Kinder tun starke Mütter einfach gut, Frauen, die sich nicht nur über ihre Rolle als **gut sorgende Mutter** definieren. Und starke Kinder brauchen natürlich auch starke Väter. **Väter, die da sind**.

Neben dem möchte ich ansprechen, dass es eine Gruppe gibt, die Kindern ungemein gut tut und das sind die **„neuen" Großeltern**. Ihre Verfügbarkeit ist ein Segen für die Enkelkinder, aber auch für die eigenen.

Eltern sind heute vor allem tolle Eltern, aber vielen gelingt es einfach nicht im nötigen Ausmaß, Kinder als Kinder zu sehen. Wir müssen Kinder einfach Kinder sein lassen und einsehen, dass die Entwicklung von Kindern nicht auf einem steuerbaren Erfolgsplan voller Erziehungs- und Fördermaßnahmen beruht. Hinter Kindern steckt nicht ein von Eltern gelenkter festgelegtes Projekt, um ein gutes Produkt zu erzielen. Die kindliche Entwicklung ist ganz einfach ein gesunder, natürlicher Prozess, den man als Mama und Papa mit Liebe, einer gehörigen Portion Intuition und viel Vertrauen begleitet. Das zu tun, ist gar nicht so schwer.

Andererseits muss man sich natürlich schon fragen, warum viel zu viele Kinder regelrecht krank werden. Was ist los in diesem Land?

Im Folgenden möchte ich darlegen, warum Kinder leiden und vor allem, welche Verantwortung Eltern daran haben. Viele Mütter oder Väter werden feststellen: **Gott sei Dank, so sind wir nicht.** Es ist mein Anliegen, Sie zu der Erkenntnis zu führen: Wir werden unseren Kindern gerecht, das gemeinsame Leben passt so, wie es ist.

2 Junge Eltern heute – Sie lieben ihre Kinder, aber sie hassen ihr Leben

Wie junge Eltern heute leben, was sie empfinden, war Thema der Titelgeschichte des „Zeitmagazins" im Dezember 2010: Unglück im Glück. (Zeitmagazin Nr. 51 vom 16. Dezember 2010, S. 15-19)

Darin erzählt die junge Mutter und Journalistin Jana Hensel, wie sie unter den Ansprüchen ihres postmodernen Lebensstils und dem realen Leben mit ihrem dreijährigen Sohn leidet. Zunächst beschreibt sie recht humorvoll einen Horror-Tag mit ihrem Kind. Sie bilanziert, dass eine Reihe von wissenschaftlichen Studien zu dem Ergebnis kommen, dass Leute mit Kindern keineswegs glücklicher sind als kinderlose Mitmenschen. Außerdem würde die Kinderbetreuung in der Beliebtheitsskala der Freizeitbeschäftigungen auf Rang 17 von 19 Plätzen stehen, weit hinter Kochen, Fernsehen, Telefonieren, sogar hinter Hausarbeit. Jana Hensel zitiert in ihrem Artikel den britischen Ökonom Andrew Oswald, der anhand von Befragungen zu der These kommt:

„Es ist nicht so, dass Kinder weniger glücklich machen. Es ist nur so, sie machen auch nicht glücklicher."

Sie meint, junge deutsche Paare hätten wieder die Lust am Kind entdeckt und dass moderner Lifestyle und Kinder sich nicht ausschließen müssen. Dabei hätte man es mit Kindern sehr schwer. Überall würde über Eltern gelästert. Auch Eltern würden dabei fröhlich mitlästern, freilich stets über die anderen. Man würde zum Beispiel zu Hochzeiten eingeladen, konfrontiert mit dem ausdrücklichen Wunsch, die Kinder doch bitte zu Hause zu lassen. Freundschaften würden zerbrechen, weil das fremde Kind einem einfach auf die Nerven ginge.

Jana Hensel stellt fest: „Mal ehrlich. Eigentlich nerven wir uns selbst. Wir lieben unsere Kinder, aber wir hassen unser Leben." – „Wir verachten uns für den Lifestyle, den wir eben noch selbst erfunden haben. Vielleicht weil wir ahnen, dass er nur eine Fassade ist, die uns nicht schützen kann – deshalb bleiben wir im Inneren unsicher und fühlen uns, ja, verloren."

Junge Eltern suchen nach ihrer Rolle, nach ihrem Platz in der Welt, und den hat man offensichtlich eher fest in der Hand, wenn man keine Kinder hat. „Alle Gesetze“, meint sie, „die das Leben in der Vor-Elternzeit bestimmten, widersprechen den Gesetzen mit Kindern. Früher war man jung und schön, „cool und lässig“, spontan und unabhängig. Man ließ sich treiben, war unterwegs und musste sich nicht festlegen. Und dann dachte man, das würde mit Kindern so weitergehen.“ Mit Kindern bestünde **der tägliche Kampf** darin, **Freiheit und Elternschaft zu verbinden.** „Und jeden Tag stellen wir aufs Neue fest: Es geht nicht. Diesen Kampf verlieren wir. Immer.“ Außerdem seien die Bedingungen für diesen Kampf verheerend: Die Arbeitswelt hätte sich radikalisiert. Arbeit sei ein sinnstiftendes Element und in diesem Sinnsystem sei für Eltern, gerade für Mütter, kein Platz. Auch die festen inneren Strukturen seien verschwunden. Familie bedeute angesichts der vielen Scheidungen vor allem „Patchwork“ in allen Milieus und Schichten. Im Grunde hätten sich alle gesellschaftlichen Verabredungen, mit denen man aufgewachsen sei aufgelöst. Wenn Hensel ihre Kindheit mit der ihres Kindes vergleicht, stellt sie nüchtern fest: „Nichts, aber auch gar nichts im Leben ihres Sohnes hat mit meiner eigenen Kindheit zu tun.“ Damals hätte es eine feste Ordnung gegeben. Man konnte sich in Strukturen einordnen. Selbstverwirklichung war dabei ein Fremdwort. „Unserem Sohn dagegen soll heute alles offen stehen. Gleichzeitig ist sein sozialer Radius sehr eng. Er bewegt sich in einer künstlichen Welt. Und so schaue ich meinem Sohn bei einem Leben zu, das mir im Moment logisch erscheint, von dem ich aber weiß, dass ich es als Kind nicht hatte“. Das verwirrt sie und führt sie zu Ratlosigkeit. „Irgendwie fühlen Väter und Mütter von heute sich ständig unzulänglich“. Noch nie hätten, Studien zufolge, Eltern so viel Zeit mit ihren Kindern verbracht, trotzdem hätten sie ein schlechtes Gewissen. Und jungen Eltern von heute würde man Perfektionismus nachsagen. Mag ja sein, meint Jana Hensel, dass dieser auf Unsicherheit beruht, etwas festhalten zu wollen, was sich nicht mehr festhalten lässt. Daraus resultiere dieses empfundene Unglück, und vielleicht sollten ja junge Eltern nicht nach einem neuen Lebensstil suchen. Vielleicht würde einfach Leben reichen.

Ich denke, diese offenen Aussagen der Journalistin geben Anlass, das Leben junger Eltern zu reflektieren. Im Grunde muss man dazu zurückkommen, dass das Leben mit Kindern eine natürliche Sache ist, die klaren Gesetzmäßigkeiten folgt und von den Eltern doch gewisse Strukturen erfordert. Man sollte vielleicht nicht so verkopft rangehen und mehr seiner Intuition folgen. All dies möchte ich in späteren Kapiteln beleuchten.

Betrachten wir zunächst einmal die Seite der Kinder. Wie geht es unseren Kindern?

3 Wie ist es um die Stärke und das Glück unserer Kinder bestellt?

Wir leben in einem freien Land, in einem freien Europa mit enormen Möglichkeiten, mit Wohlstand, sozialer Sicherheit und in einem demokratischen System, das seinesgleichen sucht. Aber in den Untersuchungen über das Glücksempfinden der Menschen schneiden die Dänen, Schweizer und noch viele andere Länder weitaus besser ab. Irgendwas klemmt bei uns Deutschen. Warum können wir, auch unsere Kinder, nicht glücklicher leben? Und wie ist es um die Stärke unseres Nachwuchses bestellt?

Ich denke nicht so gut, wenn man den Medien Glauben schenken darf. Da ist die Rede von „Kindern der Angst“. Es wird gefragt, was unsere Kinder so stresst. Im August 2010 berichteten Tageszeitungen von einer Studie über kranke Kinderseelen, die besagt, dass ein Viertel der bis 18-Jährigen unter psychischen Problemen leiden. Danach führt hoher Leistungsdruck bei vielen zu Kopf- und Bauchschmerzen, Unruhe, Depressionen oder Ängsten. (Donaukurier Ingolstadt, 13. August 2010)

Ich denke schon, dass das Leben der Kinder gesellschaftliche Realitäten widerspiegelt. In unserem Land geht es vor allem um Leistung und Wettbewerb. Unser Leben ist schnelllebig. Ich war am Ende eines Vortrags entsetzt als ein Vater nüchtern bei der Diskussion bilanzierte: *„Unser Leben ist getaktet, da müssen die Kinder funktionieren. Das geht nicht anders.“* Ich erinnere mich an ein Gespräch mit einem Vater aus München, der die Behauptung aufstellte: *„München ist teuer, da müssen meine Frau und ich voll arbeiten, wir wollen uns auch etwas leisten und da muss die Schule die Erziehungsarbeit unseres Sohnes übernehmen.“*

Um unsere Kinder scheint es nicht gut bestellt zu sein, meint auch der Schweizer Kinderarzt Remo Largo: „Einem Drittel aller Kinder werden heute ergo-, psycho-, lern- oder sonstige therapeutischen Stunden verschrieben; mehr als 20 Prozent aller Sechsjährigen, die bei der AOK versichert sind, bekommen Sprachtherapie verordnet. Zehn Prozent haben ADHS. Und aus den USA rollt die nächste Modestörung zu uns herüber: Autismus- und Depressionsdiagnosen liegen im Trend.“

(DVD Prof. Dr. med. Remo Largo: Kindern begegnen, Kinder wahrnehmen, 3. Öffentlicher pädagogischer Kongress, Köln, 25.-27. Mai 2006, Schönemetzer Filmproduktion 2006).

Remo Largo spricht von einer „kollektiven Hysterie“ heutiger Eltern.

Außerdem leiden Kinder unter dem, was man mit dem schönen Begriff Naturdefizitstörung umschreiben kann. (siehe unten)

4 Warum werden Kinder depressiv?

Sicherlich gibt es wohl viele Gründe für psychosomatische Probleme unserer Kinder. Für mich besteht der wichtigste Grund darin, dass Kindern die Bindung zu Bezugspersonen fehlt, die sie suchen und so dringend benötigen. Es mangelt ihnen an emotionaler Sicherheit. Das kann zur Folge haben, dass sie aggressiv und depressiv werden, betont der Schweizer Kinderarzt Remo Largo. Dann sind sie ungehorsam und können zu regelrechten Tyrannen mutieren. Largo meint außerdem, ein Problem könnten zu viele Bezugspersonen sein.

Der Kinder-Psychotherapeut Michael Winterhoff beschreibt Beziehungsstörungen von Eltern mit ihren Kindern, die Kinder überfordern und im Grunde krank machen.

Und letztlich wird der Leistungsdruck in der Schule für viele Schüler zu einer enormen Belastung. Dieser wirkt in das Familienleben hinein. Die Schullaufbahn, insbesondere wenn diese nicht rund läuft, ist für viele Eltern eine Zeit der Verunsicherung, des Leidens und der Sorgen. Es ist im Grunde grausam festzustellen, dass Schule so manches Kind unterwürfig und krank macht – nicht nur die Schüler, auch Eltern und Lehrer haben manchmal Probleme mit dem System.

5 Naturdefizitstörung – Eine Lawine kommt ins Rollen

Offensichtlich leiden Kinder auch unter einem Phänomen, das man mit dem schönen Wort Naturdefizitstörung beschreiben könnte. Auf diesen Begriff bin ich in einem kritischen Artikel von Richard Louv gestoßen.

(Psychologie heute, Oktober 2011, S. 37f. – Auszug aus dem Buch: Das letzte Kind im Wald, Beltz Verlag 2011).

Der Autor stellt fest, dass Kinder Kontakt mit der Natur benötigen ebenso sehr, wie sie gute Ernährung und ausreichend Schlaf brauchen. Er stellt anhand von Studien dar, dass es einen Zusammenhang zwischen unserer mentalen, körperlichen und spirituellen Gesundheit und direkten positiven Naturerlebnissen gibt. Es sei erschreckend, wie sehr eine ganze Generation von Kindern nicht nur an die Wohnung und ans Haus gebunden aufwächst, sondern in noch engere Räume eingesperrt wird. In dem Artikel wird Jane Clark (Professorin für Kinesiologie an der University of Maryland) zitiert. Sie spricht von „Containerkindern". Kinder, die immer mehr Zeit in Autositzen, Kinderhochstühlen und Babysitzen vor dem Fernseher verbringen. Warum? – im Prinzip aus Sicherheitsgründen. Wobei diese körperlichen Einschränkungen langfristig die Gesundheit der Kinder gefährden. In einer sich rasch urbanisierenden Welt, der vor allem Naturerfahrungen zum Opfer fielen, entwickele sich daher so etwas wie eine **Naturdefizitstörung**. Dieses Symptom sei wahrlich (noch) kein anerkannter medizinischer Begriff, welcher die menschlichen Kosten der Entfremdung von der Natur beschreibt. Folgen seien verringerte Sinneserfahrungen, Aufmerksamkeitsprobleme und ein höheres Maß an körperlichen und emotionalen Erkrankungen. Studien würden belegen, dass es einen Zusammenhang zwischen der Abwesenheit und Unerreichbarkeit von Parks und offenen Geländen und einer hohen Kriminalitätsrate, Depressionen und anderen urbanen Krankheiten gibt.

Dabei sei Zeit in der Natur ungemein wertvoll. Louv meint in dem Artikel: „Anders als das Fernsehen stiehlt die Natur keine Zeit; sie verlängert und bereichert sie. Die Natur wirkt sogar heilend auf Kinder, die in einer destruktiven Familie oder Umwelt leben. Natur regt die kindliche Kreativität an, indem sie Visualisierung und den Einsatz aller Sinne fordert. In der Natur findet ein Kind Freiheit, Abenteuer und Ungestörtheit: eine Welt fern von Erwachsenen, einen eigenen Frieden." – „Natur hat dabei für Kinder viele Gestalten: ein neugeborenes Kalb, ein Haustier, das lebt und stirbt, ein Trampelpfad im Wald, ein Fort inmitten von Brennnesseln; eine feuchte, unheimliche Ecke und ein unbebautes Grundstück. Die Natur eröffnet eine ältere, größere Welt, die unabhängig von den Eltern besteht."

Warum ist Spielen in der Natur so wertvoll für Kinder? Spielzeiten, insbesondere, wenn es sich um unstrukturiertes, fantasiereiches und exploratives Spiel in der Natur handelt, gelten immer mehr als Bestandteil einer gesunden Kinderentwicklung.

„Spielen in natürlicher Umgebung hat besondere Vorteile. Zum einen sind die Kinder körperlich aktiver, wenn sie sich im Freien aufhalten – ein Segen in einer Zeit, in der sitzender Lebensstil und Übergewicht epidemisch sind", schreibt Louv. Folgen sind erwiesenermaßen größere motorische Fähigkeiten, insbesondere bei Balance und Beweglichkeit.

Und was bedeutet das für die emotionale Gesundheit von Kindern? Naturfern lebende Kinder werden immer depressiver. Die Zahl amerikanischer Kinder, denen Antidepressiva verschrieben werden, hat sich von 2005 bis 2010 verdoppelt. Edward Reed, außerordentlicher Professor für Psychologie am Franklin and Marshall College schreibt in seinem Buch The Necessity of Experience:

„Es läuft etwas falsch in einer Gesellschaft, die so viel Geld und menschliche Arbeitskraft investiert, um die banalsten Informationsfetzen für jedermann im letzten Winkel der Erde zugänglich zu machen, und so gut wie nichts dafür tut, dass wir die Welt auf eigene Faust erforschen können."

Weder Institutionen, noch unsere Populärkultur kümmern sich um „Primärerfahrungen", wie Reed es nennt – das, was wir in Eigenregie als Individuum sehen, fühlen, tasten, hören und riechen können. Vielleicht sollten die Eltern ihren Kindern das ermöglichen, sie wieder in die Natur entlassen und ihnen mehr „Bullerbü" im Leben ermöglichen. (siehe zu diesem Thema auch S. 156 in diesem Buch)

Meiner Meinung nach trifft der Begriff Naturdefizitstörung nicht nur im Hinblick auf die Tatsache zu, dass Kinder zu geringe Erfahrungen mit natürlichen Dingen sammeln. Diese bringen der Industrie kein Geld ein und sie haben somit keine Lobby. Die Spielzeugindustrie und die modernen Medien haben längst Besitz ergriffen von der Kindheit unserer Kinder, und viele Eltern sind dem hilflos ausgeliefert. Es scheint ein Phänomen der Zeit zu sein, dass man Kindern viel zu viel Plastik kauft und das zumeist viel zu früh, für Mädchen alles in rosa, für Jungen alles in blau.

Aber das Problem ist nicht nur, dass Kinder kaum Zeit in der natürlichen Umwelt verbringen oder zu viel Plastikspielzeug besitzen. Mir scheint überhaupt **der mangelnde Bezug zu natürlichen Abläufen** ein Phänomen der Zeit zu sein.

Eigentlich fängt es schon damit an, dass Kinderkriegen eine Vernunftentscheidung ist. Ich behaupte gern, Kinder sind eigentlich das Ergebnis einer gelingenden Beziehung, Ausdruck eines intuitiven Zweisamkeitsgefühls. Der Kinderwunsch ist etwas ganz Natürliches, der sich bei Paaren von selbst einstellt. Ich frage mich, ob Kinderkriegen heute dagegen nicht vor allem eine Kosten-Nutzen-Abrechnung ist, eine Investition in die Zukunft, wie ein Auto- oder Hauskauf? Ist das gesund?

Mit der Geburt erfolgt oft ein zweiter Eingriff in natürliche Abläufe: So bringen viele Mütter heute viel mehr als noch vor Jahren ihre Kinder per Kaiserschnitt zur Welt und vertrauen nicht dem natürlichen Ablauf einer Geburt. (siehe www.babys.de/geburt/kaiserschnitt.htm) Und die dritte Störung besteht darin, dass Eltern nicht der natürlichen Entwicklung ihrer Kinder vertrauen. Aus den verschiedensten Gründen wird die Entwicklung des Neugeborenen gesteuert. Diese Lenkung nennt man Fördern. Man scheint klare Ziele zu haben und auch den Weg zu kennen. Und manche Eltern werden dabei zu Anhängern von eiserner Disziplin und Drill. Sie wollen Kontrolle über ihre Kinder haben. Das Phänomen der pädagogischen Käfighaltung geht um. Eltern bewachen das Leben der Kinder und sind ständig um Erziehung bemüht. Man vertraut offensichtlich nicht auf die gesunde Entfaltung von Kindern.

Was für ein Bild haben wir eigentlich von Kindern und wissen wir, was sie wirklich brauchen? Ich werde auf all diese Fragen näher eingehen (siehe dazu Abschnitt 14 ab Seite 51).

Woher kommt dieses Naturdefizitsyndrom? Warum ist das so?

Ich denke, es hat mit dem folgenden Teufelskreis zu tun:

Eltern haben Angst, Angst davor, dass ihre Kinder hinterherhinken oder „quer liegen", d.h. dass sie Probleme bereiten. Das führt zu Aktionismus, zu dem beschriebenen Förderhype. Außerdem gibt es ein starkes Streben nach Sicherheit, diese äußert sich in Kontrolle. Kinder werden beobachtet, ihr Verhalten wird analysiert, bei Bedarf wird eingegriffen. Man lässt ihnen nur wenige Freiräume, setzt enge Grenzen. Man erzieht und erzieht. Und alles wird geplant: Es gibt Zeiten mit anderen Kindern, Zeiten für Kurse und Fördermaßnahmen. Kinder werden durch die Gegend gekarrt. Das Leben der Kinder ist strukturiert, wie das der Eltern eben auch.

Und für viele beginnt dieser Teufelskreis aus Angst – Misstrauen – Kontrollzwang mit dem Eintritt des Kindes in die Schule und endet erst mit einem Stoßseufzer zum Himmel, wenn die Kinder die Schule verlassen. Ich frage mich manchmal, für wen Schule die größere Belastung ist: für die Eltern, vor allem die oftmals verantwortliche Mutter, oder für die Kinder? Wenn die Kinder in die Schule kommen, zeigen kümmernde Mütter ein geradezu symbiotisches Verhältnis zu ihren Kindern: Hausaufgaben, Proben, Noten und Leistung zählen. Man kauft Lern- und Konzentrationsspiele. Freies Spielen wird reduziert und wenn es Richtung Gymnasium geht, bleibt dafür nur noch wenig Zeit. Bei Schulversagen werden Hobbys gestrichen. Außerdem muss das Kind ja zur Nachhilfe.

Die Strukturprobleme des Systems Schule verunsichern und machen Angst. Die Angst vor Schulversagen geht um, beziehungsweise, dass dem Kind in der Schule nicht der Platz zugeteilt wird, der ihm zusteht und nützt. Und Schule ist Turbo und bedeutet noch dazu vor allem Selektion. Da kann man keine Rücksicht darauf nehmen, dass Kinder in ihrer natürlichen Entwicklung ein ganz unterschiedliches Tempo haben, die einen früher, die anderen später dran sind. Schließlich entscheidet sich mit neun Jahren das Leben (zumindest in Bayern): Gymnasium, Realschule oder Hauptschule. Man will ja das Beste für sein Kind. Das Gymnasium scheint dabei für die meisten Eltern das erklärte Ziel zu sein – unabhängig von den individuellen Fähigkeiten des eigenen Kindes.

Mir scheint, dass Eltern (und auch das System Schule) viel zu wenig sehen, dass sich unsere Kinder zu individuellen Persönlichkeiten entwickeln sollten. Und Persönlichkeit hat viele Facetten. Viel zu sehr stehen Wissen, Stoff, Kognitionsförderung und Funktionieren im Vordergrund. Ich werde ausführen, wie Kinder wirklich nachhaltig gefördert werden: den Wert von Spielen, insbesondere im Freien beleuchten, darlegen, wie sie Selbstwertgefühl und soziale Intelligenz entwickeln, das heißt wie sie sich zu starken Persönlichkeiten entwickeln und vor allem erläutern, was sie für eine glückliche Kindheit brauchen.

Dabei ist es gar nicht so schwer, Kindern gerecht zu werden und mit einer angemessenen Haltung den beschriebenen Teufelskreis zu durchbrechen.

Wenden wir uns aber zunächst anderen Gegebenheiten zu. Kinder leiden auch unter Beziehungsstörungen zu ihren Eltern. Dieses Missverständnis ist im Grunde Ausdruck eines unnatürlichen Verhältnisses von Eltern zu ihrem Kind.

6 Warum werden Kinder zu Tyrannen? – Winterhoff-Kinder und Eltern:

Das Buch des Kinder-Psychotherapeuten Michael Winterhoff „Die Abschaffung der Kindheit, warum unsere Kinder zu Tyrannen werden" (Gütersloher Verlagshaus, 2008) hat für Aufsehen gesorgt und war vor allem für viele von solchen Kindern geplagten Lehrer ein gewisser Trost. Winterhoff beschreibt darin seine Erfahrungen mit verhaltensgestörten Kindern und ihren Eltern. Er sieht die Eltern als Verursacher des kindlichen Fehlverhaltens. Winterhoff beschreibt drei Beziehungsstörungen:

Er beklagt, dass sie ihre Kinder zum Beispiel als **gleichwertige Persönlichkeiten** betrachten und entsprechend behandeln. So beziehen sie diese in weitreichende Entscheidungen ein, deren Auswirkungen die Kinder gar nicht überblicken können. Eltern sind Eltern und bleiben es ein Leben lang. Daher ist es ein Irrdenken, dass sie Kumpel oder ein gleichwertiger Lebenspartner ihrer Kinder sein können.

Ein zweiter Problembereich stellt **Eltern „in der Projektion"** dar. Sie projizieren im Grunde ihre Sehnsüchte, ihre Bedürfnisse in ihre Kinder. Diese können Kinder niemals auffangen und erfüllen. Das überfordert die Kinder restlos.

Winterhoffs dritte These besagt, dass Kinder keine gleichwertigen Partner sein können. Eltern sollten keine **symbiotischen Beziehungen mit ihren Kindern eingehen**. Das geschieht oftmals, vielleicht in Ermangelung eines Partners. Es ist ein Problemfeld, das ich insbesondere bei alleinerziehenden Müttern und Vätern oder in Trennungssituationen beobachte. Die

Beziehung zum Kind wird insbesondere dann schwierig, wenn Kinder Teenager werden. Dann suchen sie Distanz zu ihren Eltern und Nähe zu Gleichaltrigen, um sich zu dem zu entwickeln, was in ihnen angelegt ist. Das muss sein und sie müssen sich an Vater und Mutter reiben können. Daher kann eine gluckende Mutter, eventuell auch ein überfürsorglicher Vater sehr belastend wirken. Väter oder Mütter können in dieser Lebensphase als Zuhörer und verständnisvoller Partner, der seine Sicht der Dinge ins Spiel bringt und Orientierung ermöglicht, auch als Motivator nachhaltig wirken, aber sie sind keine Freunde. Sie können diese auch nicht ersetzen.

Die Missachtung der kindlichen Seele durch diese grenzenlose elterliche Überforderung führt nach Winterhoffs Erfahrungen dazu, dass Kinder auf dem Entwicklungsstand von Kleinkindern verharren. Wie Tyrannen machen sie Eltern, Erziehern und Lehrern das Leben zur Hölle. Die Anzahl dieser „Sargnägel", wie ich sie gerne bezeichne, nimmt in der Grundschule rapide zu. Sie torpedieren die Arbeit der Lehrer, lassen sich kaum in einen schulischen Ordnungsrahmen integrieren, halten sich an keinerlei Regeln, springen über Tische und Bänke, lassen sich kaum zu einer Arbeit motivieren und sind ständiger Anlass für Streitereien mit Klassenkameraden. Die ewigen Streitschlichtungen treiben Lehrer zur Verzweiflung. Das endlose Disziplinieren und Erziehen raubt Zeit für Unterricht. Das kostet Lehrkräften sehr viel Energie und Nerven. Aber im Grunde kann man diese Kinder nur bedauern. Sie leiden unter mangelnder emotionaler Sicherheit, weil die Bindung zu den Eltern nicht passt. Die Eltern werden ihren Aufgaben einfach nicht gerecht, nämlich ihre Kinder zu führen und ihnen Orientierung zu geben. Kinder müssen einfach Kinder sein dürfen und Eltern sind Eltern – nicht weniger und nicht mehr.

Rückkehr zur Intuition und inneren Ruhe

Man kann darüber diskutieren, wie sehr derartige Beziehungsstörungen zwischen Eltern und Kindern tatsächlich verbreitet sind. Mir gefällt Winterhoffs Analyse in seinem vierten, sehr lesenswerten Buch „Lasst Kinder wieder Kinder sein" (Gütersloher Verlagshaus, 2011), weil er darin eine Perspektive aufzeigt, wie Eltern einen Weg zu einem gelingenden Leben mit Kindern finden. Winterhoff beantwortet in seinem Buch die Frage nach der Ursache der Beziehungsstörungen:

„Geht man davon aus, dass die die psychische Entwicklung bei Kindern auf Grund von gestörten Beziehungen zwischen ihnen und Erwachsenen nicht richtig vorankommt, schließt das automatisch die Frage nach der

Entstehung dieser Beziehungsstörungen mit ein. An dieser Stelle kommt die Erkenntnis zum Tragen, dass das „System Gesellschaft" in den Mittelpunkt der Betrachtungen rücken muss. Der ungeheure Druck, der auf jedem einzelnen Elternteil bzw. auch auf Erwachsenen lastet, die beruflich mit Kindern umgehen, treibt viele ins Hamsterrad, nimmt die innere Ruhe und zerstört das Gefühl für unsere Mitte." (S. 40)

Winterhoff erläutert, dass viele Eltern und Erwachsenen in einem Art „Katastrophenmodus in der Psyche" leben, der diesen Dauerdruck verursacht. Er beschreibt die Folgen:

„Daraus entstehen zwei Verhaltensebenen, die sich beide auf Kinder auswirken: Zum einen entstehen durch den rotierenden Erwachsenen Störungen der Beziehung zum Kind, die diesem keinen normale psychische Entwicklung ermöglichen; zum anderen gibt der Erwachsene vielfach den Druck an das Kind weiter, das dadurch permanent in einem ungesunden Spannungsfeld lebt." (S.141)

„Dieser Druck zieht sich durch den ganzen Tag. Eile bei der Fahrt zur Schule, Stress beim Mittagessen, Druck bei den Hausaufgaben. Dazu kommt die Terminhatz, der immer mehr Kinder heute ausgesetzt sind. An einem Tag der Sportverein, an einem anderen Musikschule und vieles mehr, das Angebot ist mittlerweile unüberschaubar. Das gerne genutzte Bild vom Kind mit Manager-Terminkalender hat sich bedrohlich der Realität angenähert." (S.142)

Daher könnten einem die Eltern als auch die Kinder nur leidtun. Die Eltern, weil sie es nicht genießen könnten, wie ein Kind sich entwickelt, wie es positiv durchs Leben geht und Freude bereitet; die Kinder, weil sie den Druck spüren und ihnen fehlt „ein klares, abgrenzendes (und damit in sich ruhendes) Gegenüber, an dem sie sich orientieren können, sodass ihre Psyche sich entwickeln kann." (S. 143 unten)

Nur, was ist zu tun? Die Verantwortung liegt natürlich bei den Eltern, weil sie den Hebel auf „Katastrophenmodus" umgestellt haben.

„ Würde dieser Hebel wieder in den Normalzustand zurückgestellt, würde das automatisch auch die Intuition zurückbringen, die verloren gegangen ist. Und mit dieser Intuition wäre dem Kind gegenüber ein altersangemessenes Verhalten möglich, das diesem die Entwicklung erleichtert. Nirgends ist innere Ruhe bei Erwachsenen so entscheidend wie im Umgang mit Kindern." (S.149).

2. Kapitel: Eltern auf Irrwegen unterwegs

7 Muss der ganze Hype um Kinder heute sein?

Bei Vorträgen vor Grundeltern betrachte ich deren Altersstruktur. Und ich denke mir, das ist eine andere Generation, das sind die **Eltern der Generation Golf**, wie sie Peter Ilies in seinem gleichnamigen Bestseller beschrieb: Menschen, geboren in den Siebzigern und Achtzigern, die in blühendem Wohlstand aufwuchsen, denen das Leben im Grunde alles bot. Und ich habe das Gefühl, dass diese Generation ein anderes Verhältnis zu ihren Kindern lebt. Ich denke, früher sind Kinder so mitgelaufen. Sie waren da, wurden geliebt, aber es wurde kein großer Hype um sie veranstaltet. Das muss sich geändert haben.

Rückblickend fängt es für mich mit den Autoaufklebern an, da war plötzlich „Timo on board" und „Laura fährt mit". Auch in den Gärten kann man Interessantes beobachten: da stehen riesige Baumhäuser, Ergebnis einer Aktion: Papa baut, Sohn, Tochter „geschafteln mit". Unlängst wollte ich es wissen. Vor einem Informationsabend an einer Grundschule bin ich an dem Schulort durch eine Neubausiedlung gefahren und tatsächlich, in fünf aneinandergereihten Grundstücken waren sie: diese Viermeter-Monster von blauen Trampolinen, welche den schönsten Garten aufs Herrlichste verschandeln.

Die Einstellung der Eltern kann man auch gut an den Autokennzeichen festmachen: Wurden da in der Regel die Initialen des Fahrers abgedruckt, so kann man heute oft die Anfangsbuchstaben des neugeborenen Kindes und das entsprechende Geburtsjahr ablesen. Für mich gleicht das der Aufgabe der eigenen Persönlichkeit.

Ich frage mich manchmal, ob Eltern früher eher **mit** ihren Kindern lebten, Eltern heute dagegen eher **für ihre Kinder leben.**

Der Hype treibt bunte Blüten. So geht an manchen Krankenhäusern ein neues Phänomen um:

In der Notaufnahme der Kinderklinik München behandeln Ärzte über Gebühr Kinder ohne ernsthafte Beschwerden beziehungsweise Krankheitssymptomen, die jederzeit vom Hausarzt behandelt werden könnten. Bei der Mehrzahl der behandelnden Fälle könne man diagnostizieren „Kind gesund – Eltern krank", wie es ein behandelnder Assistenzarzt auf einen Nenner bringt.

Mir scheint, dass manche Kinder heute Ausdruck des narzisstischen Egos selbstverliebter Eltern sind: Vorzeigeobjekte, wie mein Haus, mein Boot, mein Pferd. Im Grunde Objekte, um die man einen Riesenwirbel veranstaltet. Der Verlust des ersten Milchzahns wird mit einer „Zahnparty" gefeiert. Der Eintritt in die Schule wird zelebriert wie eine Kommunion, abends findet am Einschulungstag eine Feier mit der ganzen Familie statt. Im Vorfeld entwickeln Eltern einen Wirbel, ob die Schule, ob die Lehrerin passt. Geburtstagsfeiern von Zweitklässlern werden zu Events. Man geht zum Bowling, ins Bambuland, vorher natürlich zu McDonalds. Eine Feier zuhause mit Topfschlagen ist nicht mehr angesagt: zu wenig Action. Gemeinsame Spiele, im Wald die Natur entdecken: So etwas ist doch voll langweilig! Manche Eltern haben schlicht keine Lust ein Programm für acht bis zwölf Heranwachsende auf die Beine zu stellen, ihnen graut davor, eine Horde verwöhnter Wunderkinder zu bändigen. Oftmals bleibt nach bestandener Geburtstagsfeier der in Sprechstunden bekundete Respekt vor Lehrern, wie sie das nur den ganzen Vormittag mit so einer Rasselbande aushalten.

Und dann hört man von einem Schüler in der zweiten Klasse, der kein Fahrrad besitzt. Nicht, dass die Eltern kein Geld dafür hätten, nein, Mama und Papa wollen ihr Kind nicht den Gefahren des Straßenverkehrs aussetzen: Fahrradfahren, viel zu gefährlich! Und so werden Kinder in Watte gepackt. Kommen die Kinder in die Schule schwirren die Eltern (zumeist die Mütter) ständig um sie herum. Sie kümmern sich um ihre Belange, kutschieren sie bis zur Schultüre und tragen ihnen die Schultasche bis zum Klassenzimmer. Sie nehmen ihnen im wahrsten Sinne des Wortes alles ab.

Lassen Sie mich an dieser Stelle von einer Mutter und ihrem Sohn (sechs Jahre) berichten: Der kleine Ralf wollte immer nur spielen und trieb sich lieber draußen rum als Hausaufgaben zu erledigen. Als er spätnachmittags heimkehrte, sagte seine liebevolle Mutter freudestrahlend. „Ich habe deine Hausaufgaben schon erledigt." Kleinralfi fragte im schönsten bayerischen Dialekt: „Hast gelesen a?"

Mit den ersten Noten in der zweiten Klasse beginnt vielfach der endlose Rummel um die Schulleistungen. Eltern kämpfen dann für die Interessen ihrer Kinder. Sie fordern mehr Hausaufgaben, mehr Rechtschreiben, einen passenderen Nachbarn, eine Versetzung in die erste Sitzreihe, ständig wird kommentiert und bewertet, was in der Schule passiert. Das Mobbing des/der Lehrerin des Kindes im Freundeskreis ist für manche eine beliebte Freizeitbeschäftigung. Viele wissen gar nicht, wie sehr sie damit ihren

Kindern schaden, weil sich diese sehr nach einer guten Beziehung zu ihrem/ihrer Lehrerin sehnen. Diese ist erwiesenermaßen eine Grundlage von Lernerfolg. Und wenn es in der Schule nicht klappt, wird getestet und getestet, von Schulpsychologen oder in Kliniken, bis die erlösende Mitteilung erfolgt: Kind völlig okay, es hat nur AD(H)S, LRS, Dyskalkulie, Teilleistungsschwächen. Mit der Diagnose lässt es sicher besser leben und man kann damit gut um bessere Noten, eine Empfehlung für das Gymnasium oder die Realschule verhandeln. Spätestens in der vierten Klasse, zumindest im Rahmen des erfolgreichen dreigliedrigen Schulsystems in Bayern, ist es dann aus mit der Kindheit vieler Kinder. Sie müssen funktionieren, in unserer Leistungsgesellschaft ihr Ding machen und die passenden Noten, die gewünschte Empfehlung für eine weiterführende Schule vorlegen. Schließlich leidet man darunter, dass Franz von nebenan oder Nichte Resi jetzt das Gymnasium besuchen, der eigene Tom aber nur die Realschule. Und in den Köpfen vieler Eltern kommen in die Hauptschule ohnehin nur die Verlierer. Es interessiert auch kaum, dass man diesem Hauptschüler später vielleicht einmal dankbar ist, wenn er die kaputte Heizung repariert. Des Deutschen kleinbürgerliches, spießiges Hirn suggeriert uns, dass ein junger Mensch mit Abitur etwas Besseres ist, man Hochachtung vor Ärzten, dem Herrn Oberstudienrat und allgemein Akademikern haben sollte. Wir Deutsche scheinen mir zwei sehr fragwürdige Tugenden bestens auszuleben: Das ist der Trend uns ständig mit anderen zu vergleichen und je nach den Begebenheiten mit dem Neid der Besitzlosen oder mit Genugtuung der Bessergestellten zu reagieren. Die zweite Tugend ist unsere Neigung endlos ängstlich zu sein. Viele Eltern setzen ihre Kinder dermaßen unter Druck, weil sie Angst haben, Angst um die Zukunft ihrer Kinder.

Nicht die Kinder, sondern die Ängste der Eltern sind oftmals das Problem. In der Schule kann man sehen, wozu Zukunftsangst oder eine überzogenen Erwartungshaltung der Eltern führt: Manche Eltern sind dort als „Kampfhubschrauber“ unterwegs. Das hat an einer Schule zu einer skurrilen Situation geführt:

Ein Lehrer, der einen Schüler beim Stehlen erwischt und entsprechend eine Ordnungsmaßnahme ausgesprochen hatte, musste plötzlich der Polizei zu dem Vorfall Rede und Antwort stehen – vor seinem Klassenzimmer. Die Eltern hatten ihn wegen Rufschädigung des Kindes angezeigt. Der Vorfall klärte sich auf, als der Junge im Beisein der Eltern den Diebstahl gestand. Muss es so weit kommen?

Ein weiteres Beispiel: *Eltern drohten einer Lehrerin mit einer Klage, wenn sie die Note für das Sozialverhalten der sich stets bei Streitereien einmischenden Tochter nicht von B auf A korrigieren würde. Schließlich sei sie eine sehr gute Schülerin und extrem brav.*

Das Kampfhubschrauberwesen von Eltern treibt bunte Blüten. Dazu noch zwei Beispiele:

Eine Mutter beschwerte sich bei der Schulleitung über eine Grundschullehrerin. Sie möge doch bitte Stifte mit einem weniger giftigen Rot benutzen. Die Psyche ihres Kindes würde ansonsten Schaden leiden.

Eine Mutter kommt in Begleitung eines Mannes in die Sprechstunde. Die Lehrerin der vierten Grundschulklasse geht natürlich davon aus, dass es der Vater des Kindes ist. Der Notenstand, die Chancen des Kindes auf den Übertritt an das Gymnasium werden besprochen. Beim Abschied meint die Mutter: „Das ist übrigens unser Rechtsanwalt, Sie werden von ihm hören." – unglaublich.

Das Auftreten mancher Eltern in der Schule ist oft einfach nur peinlich. Wenn es um die Verteidigung der Interessen ihrer Kinder geht, sind viele uneinsichtig und im Grunde in ihrer Wahrnehmung beeinträchtigt. Derartiger Aktionismus ist fehl am Platz. Die meisten Kinder brauchen keine Interventionen der Eltern. Sie werden problemlos den schulischen Anforderungen gerecht – vielleicht nicht mit den Resultaten, die Eltern einfordern. Die elterliche Panik, welche hinter solchen Maßnahmen steckt, ist unbegründet. Eltern haben aus meiner Sicht vor allem die Aufgabe, ihre Kinder stark zu machen, auch für die kranken Gegebenheiten unserer Gesellschaft. Eltern sollten vertrauensvoll, gelassen und optimistisch ihren Kindern vermitteln: „Tom, du machst das schon!" und ihnen eine glückliche Kindheit und Jugend ermöglichen.

8 Warum sind nur so viele Eltern verunsichert und verängstigt?

Der Schweizer Kinderarzt Remo Largo stellt bei seinem Kölner Vortrag „Kindern begegnen, Kinder wahrnehmen" Mai 2006 fest:

(nach: DVD Prof. Dr. med. Remo Largo: Kindern begegnen, Kinder wahrnehmen, 3. Öffentlicher pädagogischer Kongress, Köln, 25.-27. Mai 2006, Schönemetzer Filmproduktion 2006)

„Früher waren Kinder Schicksal und eine Belastung für die Eltern. Seit der Einführung der Pille in den 70er Jahren ist Kinderhaben ein Abwägen zwischen Familie, Karriere und materiellem Wohlstand. Entscheidet man sich für Kinder, muss es sich lohnen."

Kinder sind im Grunde das Ergebnis eines Erfolgsplans und müssen dann auch ein Erfolg werden: Das Kind geht zur Schule, bekommt eine ordentliche Ausbildung, eventuell studiert es, danach steigt es in das Berufsleben ein. Wenn es nach langer Suche einen geeigneten Partner gefunden hat, wird eine Wohnung gekauft oder ein Haus gebaut und dann wird es Zeit für ein eigenes Kind.

Solche Erfolgskinder sind Prinzen und Prinzessinnen, deren Kindheit zelebriert wird. Kinder werden optimal gefördert, vor allem die Mutter gibt ihr Bestes und scheint im Anspruch gefangen, eine perfekte Mutter zu sein. Im Münchener Glockenbachviertel, in dem mittlerweile viele junge Familien leben, boomt ein Mutter-Kind-Kaffee, für das man vorher Plätze reservieren muss. Mütter treffen sich, und dann geht es los, das Vergleichen der Kinder: Wann beginnen die Kleinen zu laufen? Wann kommen die ersten Worte? Wie geht es **uns** mit dem ersten Zahn? Oftmals merkt man die Symbiose zwischen Mutter und Kind schon an den Pronomen: „Die Nacht haben **wir** gut geschlafen."

Der berühmte Pädagoge Pestalozzi sagt:

„Vergleiche nie ein Kind mit einem anderen."

Dieses Vergleichen ist Ausdruck einer großen Verunsicherung. Offensichtlich sind viele Eltern in unserer schnelllebigen Welt beunruhigt und ängstlich. Remo Largo erstellt in seinem Vortrag folgende Analyse:

„Eltern aller Schichten leiden unter einer existenziellen Verunsicherung. Die Sicherheit des Arbeitsplatzes scheint nicht immer gewährleistet, Angst vor Arbeitslosigkeit geht um, die Forderungen nach mehr Flexibilität in der Arbeit, nach lebenslangem Lernen überfordert Arbeitnehmer. Diese Verunsicherung geben die Eltern an ihre Kinder weiter."

So planen Eltern die Elitekarrieren ihrer Kinder, zum Beispiel von Leon, vier Jahre alt, der Name ist schon Programm: Leon, der Löwe, der König der Tiere, oftmals auch Herrscher über das Familienleben wie bei einer Familie in Berlin-Prenzlauer Berg. Der Vater, 38 Jahre, Investmentbanker, die Mutter 34, Jahre, Rechtsanwältin, leben den

Förderplan für ihren bezaubernden Sohn: Frühförderung durch FastrackKids, Besuch der renommierten Privatschule Phorms (monatliche Kosten 300 - 1000 Euro, abhängig vom Gehalt der Eltern), später Eliteinternat.

Leon ist eines der vielen Kinder, die wohl auf einen Bruder oder eine Schwester verzichten müssen. Ein Geschwisterkind sieht der Lebensplan der Eltern nicht vor. Dieser ist aber für Leon, funktioniert er optimal, vorgedacht: Vernünftiges Abitur, Besuch der European Business School in der Nähe von Wiesbaden (Kosten pro Studienjahr 10.000 Euro). Dafür erhält man beste Kontakte,. ein Netzwerk für die sicherlich erfolgreiche berufliche Zukunft, eventuell bei McKinsey oder bei einer Bank, so wie Papa. Das ist ein Erfolgsweg nach Plan. Man investiert in Bildung und erzielt Rendite. Wenn der Junge vernünftig ist, heiratet er ein Mädchen aus der Upperclass und alles ist „geritzt": Vielleicht sollte er noch rechtzeitig Golf spielen, weil sich ein einstelliges Handicap in den Kreisen ganz gut macht. Polo und/ oder Reiten wäre im Grunde auch nicht schlecht, zumindest aber Segeln.

9 Muss dieser Förderwahn sein?

Es ist ein nettes Buch: „Gestatten Elite". Geschrieben hat es die 26-jährige Julia Friedrichs. Sie gewährt Einblicke in die Welt dieser kleinen Leons und die kranken Auswüchse unserer Gesellschaft (Wilhelm Heyne Verlag, 2009). Geradezu herrlich summiert sie alle von ihr recherchierten Begebenheiten auf, wie Eltern ihre Zwerge mit geradezu hirnrissigen Fördermaßnahmen auf die Welt des 21. Jahrhunderts vorbereiten:

Da gibt es in Hamburg Englischsprachkurse für drei Monate alte Babys, die nicht einmal richtig sitzen können und in München Word-, Excel- und Powerpoint-Kurse für vier Jahre alte Kinder. In Berlin hat eine Filiale der amerikanischen Bildungskette „FastrackKids", übersetzt „Überholspurkinder", eröffnet. Für circa 500 Euro pro Monat lernen Zwei- bis Sechsjährige in einer schicken Zweizimmerwohnung in Steglitz Kommunikation, Mathematik, Astronomie, Literatur, und auch das Thema Lebensstrategien gehört zum Programm. Die Erklärung für diesen Irrsinn ist plausibel: Im Alter von drei Jahren sind die Kinder am lernfähigsten, da verknüpfen sich die Synapsen im Gehirn am optimalsten. Alles was man da nicht ins Hirn hineinbekommt, ist nur schwer nachzuholen und schließlich steht man ja im Wettbewerb mit anderen. Vor allem Eltern aus der Mittelschicht haben Angst, dass ihr Kind zum Verlierer und den Anforderungen der Arbeitswelt nicht gerecht werden könnte, wenn es einen „normalen" Weg geht. Später geht der Wahnsinn in Privatschulen, mit Nachhilfe, in Problemfällen mit entsprechenden Therapien weiter. Ein Lob auf alle Eltern, die ihren Kindern Kindheit ermöglichen.

Leser der „Zeit" beziehen diesbezüglich Stellung: (Ausgabe Nr. 33 vom 13. August 2009)

„Der Preis dieses elterlichen Wettrüstens ist sehr hoch. Kinder erleben sich schon sehr früh als Mangelware, die mit Hilfe von Kursen und Therapien „gut" und „richtig" werden sollen und dadurch Leistung, Lob und Anerkennung bekommen. Ihr engmaschiger Wochenplan lässt ihnen keine freie Zeit, das wertvolle Gefühl der Langeweile, das ein hervorragender Nährboden für Kreativität ist, hat keinen Raum.

Außerdem geht vielen Eltern ihre Intuition verloren. Geschichten fabulieren. Spontane Ideen leben: ein Picknick im Park, gemeinsam Ball spielen. Kuchen backen. Fantasiewelten aus Altpapier basteln. Badewannengeplantsche bis zur Runzeligkeit. Das ist wichtig."

Warum ist das so? Ich habe drei Vermutungen. Zum Teil habe ich den Eindruck, dass es mittlerweile, um im Bild eines Werbeslogans zu sprechen, bei vielen um den Dünkel „mein Haus, mein Boot, mein Auto, die hervorragende Bildung meiner Kinder" geht. Oder ist es die „Bildungsangst", die Eltern veranlasst, dass Kinder zur Generation Rücksitz mutieren, weil sie von einem Kurs zum anderen chauffiert werden? Kann es aber vielleicht auch daran liegen, dass Eltern mit ihren Kindern nicht mehr anzufangen wissen und der Weg der externen Rundumförderung nur eine Flucht davor ist, sich kreativ mit den eigenen Kindern auseinander zu setzen? Mütter und Väter verdienen Anerkennung, die es schaffen, sich für ihre Kinder Zeit zu nehmen und sich mit ihnen zu beschäftigen.

Wissenschaftler erteilen diesem Förderwahn eine klare Abfuhr. Remo Largo meint, „dass das Kind immer nur so viel von seiner Umwelt aufnehmen kann, wie ihm von seinem Entwicklungsstand vorgegeben ist".

„Das Kind entwickelt sich aus sich selbst heraus."

(nach: DVD Prof. Dr. med. Remo Largo: Vortrag: Kindern begegnen, Kinder wahrnehmen, 3. Öffentlicher pädagogischer Kongress, Köln, 25.-27. Mai 2006, Schönemetzer Filmproduktion 2006).

Interessen und Neigungen des Kindes richten sich nach seinem Entwicklungsstand. Er sagt, das Kind ist aktiv und selektiv. Das bedeutet, dass es bestimmte Erfahrungen sucht. Dabei orientiert es sich an seinen Interessen und Neigungen. Largo sagt in dem Vortrag:

„Ein Angebot, welches über seine Bedürfnisse hinausgeht, bleibt ungenutzt und behindert gar seine Entwicklung."

Professor Gerald Hüther resümiert bezüglich des Förderwahns heutiger Eltern:

(Geo Wissen Nr. 37, Kindheit und Erziehung, 2006: Der Kult um die Kleinen, S. 81):

Durch übertriebene Förderung leide die Eltern-Kind-Beziehung. Mit Sorge sieht Hüther die „Instrumentalisierung der Kinder zur Erhöhung des eigenen Selbstwertes". Der Erwartungsdruck der Eltern führe zur „Angst des Kindes, es den Eltern nicht recht zu machen". Das sei „eine negative Selbsterfahrung, die das Hirn speichert".

(zur Problematik des Förder-Hypes siehe auch S. 93f. und 154f. in diesem Buch)

10 Disziplin, Regeln, Grenzen setzen – das Erfolgsrezept in der Erziehung?

Eingangs habe ich gesagt, dass ich ein Problem damit habe, wie derzeit in der Frage nach einer angemessenen Erziehung Hardliner-Parolen laut werden. Dieses Schreien nach Regeln, nach Grenzen für Kinder, das Verlangen nach mehr Disziplin (Bueb), der Aufruf nach mehr Drill der Kinder, gebrüllt von der amerikanischen „Tigermutter" Amy Chua. Was sagt das über all die deutschen Mütter und Väter aus, welche diese Bücher kaufen und zu Bestsellern werden lassen? Ich empfinde es als grausam, den Inhalt dieser Bücher zum Programm von Erziehungsbemühungen zu erheben.

Juul zitierte einmal Goethe in einem Interview, in dem er den Erziehungsaktionismus in Deutschland verurteilte: „Man spürt die Absicht und fühlt sich unwohl."

(Artikel in der „Zeit“: Wolfgang Uchatius über Jesper Juul: Eine Frage des Respekts. Quelle: Die „Zeit“, Nr. 19, 30. April 2009)

Mir geht es auch nicht gut mit dieser Form der Machtausübung von Eltern über ihre Kinder. Für mich gibt es drei Arten der Macht: die schützende, die strafende und die Orientierung spendende Macht. Letztere beruht auf Vorbild und Dialog. Mit der strafenden Form kann ich nicht gut umgehen. So empfinde ich zum Beispiel Disziplinmaßnahmen an meiner Schule in Form von Verweisen und Aussperrungen oft als Bankrotterklärung von Pädagogen. Im Grunde belegen diese Strafen, dass man jungen Menschen Vertrauen entzieht.

Ich bin ganz auf Jesper Juuls Linie, dass Kinder und auch Jugendliche kompetent und kooperativ sind. Entsprechend achte ich ihre Bedürfnisse, fordere aber auch ein, dass meine Bedürfnisse als Lehrer geachtet werden. Ich sage nie „Du musst…“, sondern nutze bewusst viele Ich-Botschaften. Ich habe in den vergangenen Jahren in Anlehnung an Juul ganz bewusst eine „persönliche Sprache“ entwickelt. Ich habe das Gefühl, das ist beziehungsbildend, fördert die Persönlichkeit der Schüler und hilft mir im Umgang mit ihnen, insbesondere in Konfliktsituationen. Ich habe die Erfahrung gemacht, dass Schüler im Vieraugengespräch sehr einsichtig und sehr reflektiert sind. Sie erweisen sich als kompetent und recht kooperativ.

(zum Thema Kommunikation siehe auch Seite 147)

Welchen Schaden insbesondere der momentan en vogue geratene Drill von Kindern anrichten kann, hat mir die ***Lebensgeschichte von Andre Agassi*** *gezeigt. Der Mann von Steffi Graf nahm Drogen und litt unter tiefen Depressionen und Selbstzweifeln. Sein Vater wollte unbedingt einen Tennisstar aus ihm machen und investierte viel Geld in seine Ausbildung. Im Grunde wollte er das, wonach sich so manche Eltern sehnen, dass die Kinder das leben, was man selbst nicht geschafft hat. Das ist auch so ein Irrdenken, zu meinen, das sei das Beste für das Kind. Ein Muster, das man bei Eltern oft antrifft. Dadurch machen sie eigene Unzulänglichkeiten zum Problem ihrer Kinder.*

Andre Agassi wurde der erhoffte Tennisstar. Er konnte dies jedoch kaum genießen und litt unter großen Selbstzweifeln. Als ihm die Haare ausfielen, trug er Toupet, hatte beim Grand-Slam-Turnier in Paris vor allem Angst vor der Peinlichkeit, es zu verlieren. Er gewann gegen Ivanisevic Wimbledon, war am Ziel seiner sportlichen Träume. Sein

Vater rief ihn dann an: Sein erster Kommentar: „Warum hast du den dritten Satz verloren?" – unglaublich!

Erst dank der Ehe mit Steffi Graf, im Grunde auch ein Produkt des väterlichen Ehrgeizes, scheint Agassi die notwendige Stabilität für ein glückliches Leben gefunden zu haben. Man darf ihm sein Familienglück gönnen.

Ein bisschen schockiert war ich kürzlich auch über das Verhältnis des genialen Violinisten David Garret zu seinem Vater. Garret Junior erzählte in einer Dokumentation über sein Leben, dass er im Grunde gar keine Beziehung zu seinem Vater habe. Dieser sei ausgesprochen emotionslos gewesen. Sein einziges Interesse habe der musikalischen Förderung seiner Kinder gegolten. Das klang recht bitter. Mit 20 Jahren habe er sich bewusst von seinem Elternhaus distanziert, in New York gelebt und da zu seiner Persönlichkeit und seinem ureigenen Weg zu musizieren gefunden. Ich persönlich erkläre mir seine lebensbejahende, offene Art dadurch, dass seine Mutter ihm sehr viel Liebe mit auf den Weg gegeben hat, die nachhaltig wirkte. Das ist aber eine reine Vermutung.

Drill generiert bei Kindern das Gefühl, nicht zu genügen. Gedrillte Kinder sind unselbstständiger und es fällt ihnen schwer, eigene Entscheidungen zu treffen. Sie verfügen oft über ein schwaches Selbstwertgefühl und mangelnde Kreativität. Als sehr problematisch empfinde ich, dass sie vor allem wenig Interesse an anderen zeigen und somit soziale Defizite aufweisen.

Mir gefiel Joachim Käppners Beitrag in der Süddeutschen Zeitung (5./6. Februar 2011), in dem er für mehr Gelassenheit plädierte. Der Redakteur schreibt darin:

„Das Beste, was Eltern heute für ihre Kinder tun können: die Tigermutter röhren lassen und gelassen bleiben."

Der kluge Kinderheilkundler Remo Largo zitiert dazu ein hübsches Sprichwort:

„Das Gras wächst nicht schneller, wenn man ständig daran zieht."

Alle Versuche, Leistung durch Druck und Drill zu erzwingen, stoßen dort auf Grenzen, wo das Selbstwertgefühl des Kindes ernsthaft leidet. Wie später, im Erwachsenenleben, fällt es jungen Menschen leichter, gute Leistungen zu erbringen, wenn sie das gern tun und sich stark fühlen. Kinder sind abhängig von Beziehung zu den Eltern, den Lehrern, der Umwelt – es gleicht einer seelischen Geiselnahme, diese Beziehung zu missbrauchen.

Die Kinder und Jugendlichen sind weit besser als ihr Ruf, den man ihnen andichtet. Das Problem ist weniger der Mangel an Drill, sondern an Beziehung. Aber viele Eltern können sie kaum herstellen; sie sind überfordert durch beruflichen Stress, Trennungen, manchmal auch durch Egozentrik, und überlassen es nicht minder überforderten Lehrern, sich um die Erziehung der Kinder zu kümmern. Und jene Lehrer kommen damit am besten zu Recht, die eine Beziehung zu ihrer Klasse aufbauen und so die Gratwanderung zwischen Verständnis und notwendiger Autorität schaffen."

Oh, wie wahr und tausend Dank, Herr Käppner: Schule kann keine kompensatorische Erziehung leisten, das ist und muss Aufgabe der Eltern bleiben. Die Lehrer haben eine Verantwortung: eine gute Beziehung zu den jungen Menschen aufzubauen, die sie betreuen, sie zu achten, sie zu respektieren, ihnen Vorbild zu sein. Lehrer können darüber hinaus einen Beitrag zu ihrer Sozial- und Persönlichkeitsbildung leisten. Das Wesentliche bringen die Kinder aber von daheim mit oder eben nicht.

11 Müssen deutsche Eltern so viel erziehen?

Jesper Juul ist Kult. Der renommierte Familientherapeut aus Dänemark gilt als Sokrates unter den Pädagogen und seine Bücher stehen in allen Buchläden. Man sieht ihn regelmäßig in Talkshows, in denen er nicht müde wird, die Erziehungspraxis in deutschen Familien zu kritisieren. Er sagt, er streite täglich mit deutschen Müttern, weil nirgendwo so viel erzogen würde wie in Deutschland. Er ist der Meinung, Eltern wollen aus Kindern „Bonsaibäume" machen, über deren Wachstum sie als Besitzer die Macht übernommen haben. In diesem Projekt werde den Kindern der Eigensinn ausgetrieben. Wenn ganz normale Leidenschaften, Missverständnisse und Probleme auftreten, wenn Kinder nicht die „netten Kinder" sind, sie nicht funktionieren, würden sie pathologisiert. Das heißt, Eltern würden über Kinder wie über Lieblingspatienten sprechen. Die Folgen dieses Irrdenkens ist mehr Erziehung in der Familie und in der Schule mehr Belehrung.

(Artikel in der „Zeit": Wolfgang Uchatius über Jesper Juul: Eine Frage des Respekts. Quelle: Die „Zeit", Nr. 19, 30. April 2009)

Letzteres kann ich nur bestätigen. Ich denke, diese Strukturen gelten vor allem für Erziehung in der Schule. Kinder müssen so sein, wie es der Vorstellung der Lehrer entspricht. Und es lässt sich wirklich darüber streiten, wie Kinder sind, was für ein Bild Erziehende von Kindern haben, wie sie sich entwickeln sollten und was letztlich das Beste für das Kind ist. Jesper Juul bezieht in all diesen Fragen klare Positionen.

Juul meint in dem Gespräch mit dem Journalisten, vielen Müttern und Vätern ginge es eigentlich gar nicht so sehr um die Kinder. Eltern sollten nicht Grenzen setzen, sondern sich selbst abgrenzen. **Eltern sollten nicht als Prinzipien auftreten, sondern als Person.** Es geht Juul um Authentizität, um die Achtung der Integrität der Kinder und anderer Menschen und um das Leben von, wie er es nennt, „Gleichwürdigkeit in Beziehungen". Er sagt, Voraussetzung für ein harmonisches Familienleben ist das Unharmonische: Familienleben bräuchte auch Schatten und Kinder hätten sehr wohl das Recht, dass es ihnen einmal nicht gut geht oder dass sie nicht immer brave Kinder sein müssen. Er fordert Eltern auf, den Gefühlen der Kinder freien Lauf zu lassen. Nach Juul ist das Hauptproblem die mangelnde Übernahme von Verantwortung; diese würden viele Eltern in Schuld der Kinder ummünzen. Ich sehe übrigens in allen Punkten das gleiche Muster in der Schule. Juul fordert:

Eltern müssen Verantwortung für die Beziehung und Führung übernehmen.

Ich bin ganz auf Jesper Juuls Seite. In weiteren Kapiteln werde ich sein Bild von Kindern erläutern, darlegen, wie seine Vorstellung des Lebens von gleichwürdigen Beziehungen in Familien (und Schulen) aussieht und ganz konkret seine Idee der Entwicklung einer persönlichen Sprache skizzieren. Im Übrigen nimmt Jesper Juul auch bezüglich den Gegebenheiten im deutschen Schulsystem kein Blatt vor den Mund (siehe www.familylab.de).

Sehr humorvoll und aufschlussreich erheben auch die Erlanger Professoren Ralph Dawirs und Gunther Moll in ihrem Buch **„Die 10 größten Erziehungsirrtümer"** Kritik am Erziehungsverhalten vieler Eltern.

(Darwirs und Moll, Die 10 größten Erziehungsirrtümer, Beltz Verlag, 2010).

Sie meinen, Eltern bräuchten keinen „Erziehungsführerschein" und es verhält sich gerade umgekehrt als es der gängige Spruch „Kleine Kinder – kleine Sorgen, große Kinder – große Sorgen" suggeriert: Kleine Kinder sollten Eltern große Sorge bereiten. Gemeint ist damit, Eltern sollten sich ihren kleinen Kindern sehr intensiv widmen und später müsste man sich nicht so viele Sorgen um sie machen. Die Autoren klären über einen vernünftigen Umgang mit den Medien auf, beschreiben wie sich Kinder Werte und Moral aneignen und kritisieren, wie Kinder unter der Schule leiden. Darwirs und Moll verurteilen, wie Eltern durch Medikamentenzufuhr (insbesondere Ritalin) ihre Kinder zu besseren Leistungen führen wollen. Aber, und das gefiel mir am besten, sie weisen darauf hin, dass Erziehung in keinster Weise eine ernste Angelegenheit ist, im Gegenteil: Eltern fördern ihre Kinder besonders mit viel Humor (siehe dazu das entsprechende Kapitel ab Seite 97).

3. Kapitel: Gelassene Eltern – starke und glückliche Kinder:

12 Gelassenheit ist berechtigt

Irgendwie schaffen wir Deutschen es nicht, gelassen mit unseren Kindern zu leben. Viele Eltern besitzen offensichtlich wenig Vertrauen in ihre Kinder. Vertrauen ist aber berechtigt, wenn man ein anderes Bild entwickelt, wie Kinder sich herausformen. Kinder sind keine unbeschriebene Tafel, die beschriftet werden soll; kein Fass, das gefüllt werden muss; kein PC, den man programmieren kann. Kinder sind lernfreudig, kompetent und kooperativ.

Und wir Eltern sind für unsere Kinder ungemein wichtig. Egal, wie wir „gestrickt" sind, unsere Kinder lieben uns und sind auf unsere Hilfe angewiesen. Wir können ganz darauf vertrauen, dass alles Gute, das wir ihnen mitgeben, sich nachhaltig positiv in ihrem Leben auswirkt.

Ich behaupte, Eltern können ihren Kindern zu einer glücklichen Kindheit verhelfen und sie stark machen, …

…wenn es ihnen gelingt, eine sichere Bindung zu ihnen zu leben, sie ihnen dadurch emotionale Sicherheit gewähren und eine gelingende Beziehung aufbauen.

…wenn Eltern sich der Bedürfnisse von Kindern bewusst sind und deren Rechte achten.

…wenn sie ihre Kinder lieben und ihnen Vorbild sind: Vorbild auch im Vorleben von Lebensfreude, Zuversicht und Humor.

…wenn Eltern mit Freude Familie leben.

…wenn Eltern sich um eine positive Erziehung im Sinne der positiven Psychologie bemühen.

…wenn Eltern einen eigenen Bildungsplan für ihre Kinder haben und es ihnen vor allem um Bildung von Selbstwertgefühl und Persönlichkeit geht. Dann können Eltern vielleicht die Gelassenheit aufbringen, die ihre Kinder durch die Schulzeit trägt.

…wenn Eltern erkennen, dass jede Krise auch immer eine Chance ist.

…wenn es ihnen gelingt, in dieser verrückten, schnelllebigen Welt ihren Kindern Abwehrmechanismen mitzugeben, die ihnen helfen, sich zu orientieren und Halt zu finden.

Für all das braucht es gar nicht viel: ein bisschen pädagogisch–psychologisches Wissen, eine Prise Intuition, Zeit zum Spielen, Freude an der familiären Gemeinschaft, Zuhören, Gespräche, Humor, Zuversicht und vor allem: Gelassenheit.

13 Was kennzeichnet starke und glückliche Kinder?

Man sieht Kindern an, ob sie glücklich sind. In der Schule, an der ich tätig bin, übernehme ich häufig die Pausenaufsicht. Besonders die Grundschüler sind so offen, so vital, voller Lebensfreude und lachen häufig. An ihren Augen erkennt man ihr Lebensglück.

Ich denke, es sind fünf Punkte, die starke und glückliche Kinder auszeichnen:

Erstens: Sie sind gut gebunden an ihre Bezugspersonen, eben meist an Mama und Papa, beziehungsweise integriert in die Familie oder einen Freundeskreis. Die damit einhergehenden Gefühle der Geborgenheit und der emotionalen Sicherheit sind die Grundlage einer glücklichen Kindheit.

Zweitens: Sie sind unbekümmert. Sie empfinden sich als kompetent. Sie sind neugierig, aktiv und lernwillig. Sie sind Experten, „Checker" oder „Freak" in einem oder mehreren Bereichen. Ich werde ausführen, dass Hobbys daher so wichtig sind.

Drittens: Sie besitzen eine gute Grundstruktur. Sie lernen dazu, jeden Tag. Sie verfolgen Ziele, sind pflichtbewusst und gewissenhaft. Sie sind motivierbar und verfügen über einen gewissen Ehrgeiz. Ohne diesen geht es nicht, genauso wenig wie ohne Selbstkontrolle beziehungsweise Selbstdisziplin, die für den Erfolg im Leben fast noch bedeutsamer ist als Intelligenz. Kinder sind nicht von Geburt an schlau oder dumm. Kinder wollen etwas können und erreichen. Sie sind lernfähig und wachsen an Herausforderungen.

Viertens: Starke Kinder sind bereits Persönlichkeiten: Sie beweisen einen guten Charakter, werden getragen von einem gesunden Selbstwertgefühl, sind mutig, offen und kommunikativ. Sie verfolgen eigene Interessen. Sie beziehen und vertreten eine eigene Meinung.

In dem Zusammenhang erinnere ich mich an eine kleine Geschichte von Jesper Juul. Er ruft seinen Sohn an und möchte den vierjährigen Enkelsohn sprechen. Opa wollte nur ein bisschen mit ihm plaudern. Dieser antwortet er könne jetzt nicht. Darauf bittet Juul seinen Sohn, den Enkel nochmals aufzufordern, mit ihm zu sprechen. Dieser reagiert wieder ablehnend. Er könne jetzt nicht, er müsse spielen. Interessant ist die Reaktion beziehungsweise die Interpretation Juuls. Er ist in keinster Weise verärgert oder bezichtigt den Enkel des Ungehorsams. Er freut sich und lacht, weil ihm dieses Vorgehen des Enkels beweist, dass er schon eine autonome Persönlichkeit ist, die sehr wohl eigene Interessen verfolgt, in dem Fall in Ruhe weiterspielen.

Manchmal hilft es einfach, die Perspektive zu wechseln. Eltern sind oft überrascht, wenn ihr Kind in der Schule nicht so funktioniert, wie es soll und ich dann sage: *„Das hat auch eine gute Seite. Ihr Kind hat einen starken Willen. Machen Sie sich nicht so viele Sorgen. Dieser Wille wird ihm im Leben noch helfen. Ihr Kind macht schon sein Ding. Vielleicht nicht so wie wir wollen und vor allem nicht, wann wir wollen.“*

Fünftens: Kinder leben Glück. Sie sehen das Leben von der sonnigen Seite, lachen viel und für sie ist das Glas halb voll, nicht halb leer. Sie sind Optimisten. Sie haben einfach Spaß am Leben und sind anderen gegenüber offen und positiv zugewandt. Sie helfen gerne. Sie sind durch und durch Gemeinschaftswesen und verfügen über soziale Intelligenz. Sie können mit anderen mit-, sich in andere hineinfühlen. Sie sind empathisch. Sie leben Freundschaften und besitzen eine ordentliche Portion Humor. Darüber hinaus wirft sie so leicht nichts aus der Bahn. Sie verfügen über gesunde Abwehrmechanismen und können den irrsinnigen Versuchungen der heutigen Zeit langfristig widerstehen. Als Teenager lernen sie zum Beispiel Medien sinnvoll zu nutzen und mit Alkohol und Drogen umzugehen. Davon und von anderen Menschen machen sie sich nicht abhängig. Fallen sie hin, sondieren sie die Lage, stehen wieder auf und marschieren weiter.

Das klingt vielleicht alles etwas anspruchsvoll, aber Kinder wollen all das. Sie wollen an Herausforderungen wachsen und sie lernen durch Bewältigung von Problemen. Man muss sie nur lassen, ihnen entsprechende Chancen bieten und vor allem loslassen. Kinder brauchen darüber hinaus einfach Zeit für ihre Entfaltung.

Aktionismus ist nicht angebracht. Man muss die Zusammenhänge der kindlichen Entwicklung durchschauen und dann die Eckpfeiler für eine gesunde Entwicklung setzen. Es ist lohnenswert, sich von einigem Wissen, das ich im Folgenden ausführen möchte, überzeugen zu lassen. Es hilft, eine entsprechende Haltung zu entwickeln. Hilfreich dabei ist vor allem die Entwicklung eines positiven Bilds von Kindern.

14 Gelassene Eltern mit einem positiven Bild von ihren Kindern

Die Verunsicherung und Ängste, die manche Eltern bezüglich ihrer Kinder antreibt, haben mit ihren Bedürfnissen nach Sicherheit und Kontrolle zu tun. Aber die fehlende Gelassenheit bezüglich der Frage, wie sich die Kinder entwickeln werden, ob sie hinterher hinken, ob sie passen, beruht einerseits auf den eigenen Ansprüchen, andererseits auf einem fragwürdigen Bild, das Mütter und Väter von ihrem Kind haben. Die Kernfrage ist, wie sich Kinder entwickeln. Antworten geben Remo Largo und Gerald Hüther.

Remo Largo beschäftigte sich mit der Entwicklung von normal entwickelten Kindern. Er fordert Eltern auf, ihr Denken zu reflektieren und für sich die folgende Frage zu klären:

„Ist das Kind Ergebnis meiner Tätigkeit, meines Einflusses oder leiste ich da einen Beitrag bei dem, dass das Kind sich im Wesentlichen selber aus sich heraus entwickelt?“

(DVD: Vortrag von Prof. Dr. med. Remo Largo: Kindern begegnen, Kinder wahrnehmen, 3. Öffentlicher pädagogischer Kongress, Köln, 25.-27.Mai 2006, Schönemetzer Filmproduktion 2006)

Und Professor Gerald Hüther bezieht in seinem Vortrag „Was Kinder brauchen“ Stellung:

„Wir müssen ein anderes Bild entwickeln, wie sich Kinder herausformen.“ – „Wir glotzen von draußen drauf. Wir müssen das Ganze aus der Innensicht betrachten, aus dem Inneren der Kinder.“

Mir gefällt in dem Zusammenhang der Spruch:

„Kinder sind kein Gefäß, das gefüllt, sondern ein Feuer, das entzündet werden will.“

Hüther meint weiterhin, wobei er bewusst provoziert: „Jedes Kind ist hochbegabt. Hat ein Kind ein Defizit, hat es andernorts eine Begabung. Es gibt in unserer Gesellschaft Kriterien, die sind nicht objektiv.“

(DVD: Vortrag Prof. Dr. med. Gerald Hüther: Was Kinder brauchen – Neue Erkenntnisse aus der Hirnforschung, Seminar in Zürich, Juli 2006, Auditoruim Netzwerk 2006, jokers edition)

Und Jesper Juul behauptet:

„Kinder sind kompetent und kooperativ, vom ersten Tag an.“

Auf der Homepage von Jesper Juuls Organisation „familylab“ werden die Grundprinzipien seiner Pädagogik und sein Bild von Kindern beschrieben:

„Juul geht davon aus, dass das Kind von Geburt an sozial und emotional ebenso kompetent ist wie ein Erwachsener. Diese Kompetenz, die sich entsprechend der kindlichen Reife äußert, muss ihm nicht erst durch Erziehung, d.h. durch die Eltern oder durch Institutionen, beigebracht werden.“

Kinder wollen kooperieren, sie wollen gefallen. Sie sind neugierig, sie lernen ständig - immer, jeden Tag. Vielleicht nicht in der Form, wie wir Lernen in der Schule einfordern, aber vielleicht ist das auch ein Problem von Schule.

Dabei sind im Grunde alle Kinder begabt und „intelligent“. Es ist eine Frage der Definition, was man darunter verstehen will. Ich folge da ganz dem ganzheitlichen **Konzept der acht Intelligenzen** des Erziehungswissenschaftlers Howard Gardner.

(Magazin „Psychologie heute“ Oktober 2011, S. 40: Natürliche Intelligenz).

Er entwickelte 1983 die einflussreiche Theorie multipler Intelligenz. Er fordert, dass Bildung die ganze Breite des menschlichen Potenzials erfassen muss. Er sieht folgende Intelligenztypen: sprachlich-linguistisch, logisch-mathematisch, bildlich-räumlich, körperlich-kinästhetisch, musikalisch-rhythmisch, interpersonal (auf andere Personen bezogen) und intrapersonal (auf die eigene Person bezogen). Vor kurzem hat Gardner eine achte Intelligenz hinzugefügt: die naturalistische Intelligenz (naturalist intelligence), worunter er die menschliche Fähigkeit versteht, Pflanzen, Tiere und andere Phänomene der natürlichen Umwelt zu erkennen und damit umgehen zu können. Mit Erstaunen registrierte ich, dass man an Dänemarks Schulen dieses Konzept der multiplen Intelligenzen in die Tat umsetzt. Ich denke, Gardners Modell ist ein schönes Konstrukt respektvoller an die breite Palette an Fähigkeiten und Kompetenzen von Kindern und Jugendlichen heranzugehen. Ich bin überzeugt, meine 14 bis 16-jährigen Schüler an der Mittelschule sind intelligent, in einem oder mehreren Bereichen. Spätestens, wenn sie die Schule verlassen, kommen diese Intelligenzen zum Tragen.

Wenn ich mir die Probleme in unserem Land anschaue, all die armen Seelen, die an Burnout beziehungsweise Depressionen leiden, all die Menschen, welche wie Hamster im Laufrad rennen, gehetzt, getaktet, allzeit erreichbar, dann frage ich mich, ob es nicht auch eine neunte Intelligenz gibt: die Intelligenz, dass das Leben gelingt. Dahinter steckt die Kompetenz, dass die Life-Work-Balance passt, die Emotions-Ratio zwischen positiven und negativen Gefühlen stimmt, man Sinn findet, in dem, was man tut und gut eingebunden mit seinen Nächsten, gesund lebt. Das ist eine echte Kunst. Wir Deutsche haben da wirklich Defizite, denke ich. Und da gibt es noch eine zehnte Intelligenz: Die Intelligenz des Herzens. Aber wenn es um Umsatz, Wirtschaftlichkeit, Leistung und Wettbewerb geht, tja, dann kann man so vieles aus dieser Liste streichen.

15 Eltern, die sich der Bedürfnisse und Rechte ihrer Kinder bewusst sind

Befassen wir uns nun mit unseren Kindern und stellen wir uns die Gretchenfrage: Was benötigen unsere Kinder für ihr Leben? In seinem „Kinderversteherbuch" geht der Ingolstädter Pädagogikprofessor Peter Paulig in Anlehnung an das berühmte Buch „Was Kinder brauchen" der Psychologin und Pädagogin Mia Kellmer Pringle auf vier kindliche Grundbedürfnisse ein:

1) Das Bedürfnis nach Aufmerksamkeit, Liebe und Geborgenheit
2) Das Bedürfnis nach Erfahrungen mit Menschen und Sachen
3) Das Bedürfnis nach Lob, Anerkennung und Achtung
4) Das Bedürfnis nach Selbständigkeit und Eigenverantwortung

Diese bilden auch, in etwas anderen Begrifflichkeiten, den Kern der Ausführungen von Ursula Nuber in ihrem Buch „Lass die Kindheit hinter dir". Darin beschreibt sie die positiven Effekte, welche die Befriedigung funda-

mentaler kindlicher Bedürfnisse für die Entwicklung von Kindern hat. Im Umkehrschluss nennt sie die verheerenden Folgen ihrer Nichtbeachtung. Zuerst muss man sehen, dass Kleinkinder auf Hilfe und Zuwendung angewiesen sind. Ohne eine **sichere Bindung** sind sie hilflos verloren. Die Hospitalismus-Forschung belegt, dass Kinder regelrecht verkümmern, wenn sie keine ausreichende Fürsorge und Liebe durch Bezugspersonen erfahren. Kinder müssen erleben und wahrnehmen, dass sie **als Person bedingungslos geliebt werden**. Ich denke, wir können sie gar nicht genug in den Arm nehmen, küssen und kosen, um ihnen das zu signalisieren. Oftmals verurteilen wir sie, schimpfen und meckern ohne zu bedenken, dass wir sie dabei verletzen. Die Kunst des Erziehens besteht meiner Meinung nach darin, zu signalisieren, dass man Fehlverhalten von Kindern sehr wohl kritisieren und ansprechen kann, man dabei aber das Kind beziehungsweise den Jugendlichen uneingeschränkt achtet. Sie müssen immer das Gefühl haben, angenommen und geliebt zu sein.
Damit bin ich bei einem weiteren Schlüsselbedürfnis angelangt, das vor allem für Jugendliche extrem bedeutsam ist, **das Bedürfnis, respektvoll behandelt zu werden**. Kinder können Ignoranz, Demütigungen und Spott kaum ertragen.

Ein kritischer Schüler von mir sagte einmal: „Ich kann nur jemanden respektieren, der auch mich respektiert.“

Um sich als Person wahrzunehmen und zu akzeptieren, ist die Befriedigung eines weiteren Grundbedürfnisses von tragender Bedeutung: das Gefühl, **sich als kompetent zu erleben**. Kinder müssen nachempfinden, dass ihr Tun etwas bewirkt, dass sie eine „Ich kann was“-Mentalität entwickeln. Eltern müssen sie in ihrem Spielen, in ihren Bemühungen wahrnehmen und sie durch Lob und Anerkennung in ihrem Handeln bestärken. Kinder wollen auf sich selbst stolz sein. Die Erfahrungen, dass alle Bemühungen umsonst sind, man sich stets als Verlierer empfindet, führen zu schlimmen Selbsterkenntnissen: „Mir gelingt nichts! Ich bin nichts wert!“ Hier sind im Übrigen neben den Eltern auch Lehrer gefragt, daraus resultierende Teufelskreise zu durchbrechen. Sie müssen gemeinsam den Kindern vermitteln: Jeder kann etwas, jeder wird gebraucht, auch du!
Zu viel Loben hat aber auch eine negative Seite. Kinder müssen auch die Erfahrungen von Misserfolgen machen und lernen, dass diese auch zum Leben dazugehören. Dadurch lernen sie, mit ihren Schwächen zu leben.

Geschieht dies nicht, geraten sie in eine „Selbstwertfalle“, aus der sie ihre Handlungen nicht realistisch einschätzen können.
Kinder müssen spüren, dass sie etwas bewirken. Das geht nur, wenn wir ihnen Freiheiten gewähren, um eigene Erfahrungen sammeln zu können. Es fällt vor allem sehr vorsichtigen, arg ängstlichen Müttern schwer, ihre Kinder auf Entdeckungsreisen gehen zu lassen, wenn sie zum Beispiel gerade laufen gelernt haben. Ab einem Alter von circa zwei Jahren entwickeln Kleinkinder ein **Bedürfnis nach Autonomie**, das ihnen hilft zu lernen, dass sie auch ohne Mama leben können. Sie erfahren, dass sie etwas bewirken und eine eigene Meinung entwickeln können, die sie auch mitteilen dürfen.
Eltern sind insbesondere gefragt, wenn ihr Kind hinfällt, von der Schule eine schlechte Noten nach Hause bringt oder das Lieblingskaninchen gestorben ist. Dann müssen sie diese Not ernst nehmen, trösten und dem Kind zur Seite stehen. Psychologen bezeichnen dieses Mitfühlen als **Empathie**, eine Eigenschaft, die Kinder nachhaltig fördert. Wenn Eltern mit ihren Kindern **„in Resonanz gehen“**, das heißt, ihre Empfindungen verstehen und teilen, werden sie stressresistenter. Sie brauchen insbesondere das Gefühl, nicht im Stich gelassen zu werden.
Das entspricht ihrem elementaren **Bedürfnis nach Orientierung**. Kinder brauchen Führung und Regeln. Sie müssen erfahren, wie die Welt funktioniert. Diese Leitlinien ermöglichen ihnen das Erleben von stabilen Werten. Diese Orientierung stellt ein Leitsystem für ihr Verhalten dar und verleiht Sicherheit. Es hilft ihnen Entscheidungen zu treffen und einen eigenen Standpunkt zu finden. Grenzen sind somit durchaus positiv zu betrachten. Wenn Eltern diese nicht in ausreichendem Maße abstecken, verhindern sie, dass sich Kinder im Leben zurechtfinden. Im Endeffekt wirkt sich das negativ auf ihre Motivation und ihre Zufriedenheit aus. Ich denke aber andererseits, dass der Versuch, Kinder durch enge Grenzen und rigide Regeln zu erziehen, damit einhergehend vor allem Disziplin und Gehorsam einzufordern, Kindern nicht hinreichend gerecht wird. Viel mehr als Regeln und Gesetze brauchen sie Freiheiten für Entfaltung.
Die Darstellung dieser fundamentalen Grundbedürfnisse möchte ich noch um weitere Bedürfnisse ergänzen. Ich denke, Kinder empfinden ein tiefes **Bedürfnis nach Spielen**. Darin können sie sich selbst ausprobieren und lernen, sich mit sich selbst und anderen zu beschäftigen. Ich bedauere, dass viele Eltern ihren Kindern kaum noch Zeiten für freies Spiel einräumen, Zeiten der Langeweile, um Ideen und Fantasie zu entwickeln. Viele Eltern

greifen viel zu schnell zu Medien, um Kinder zu beschäftigen. Sie kaufen zwar Spielzeug über Spielzeug, dieses ist aber zumeist viel zu früh, so dass Kinder damit nichts anfangen können. Sie karren sie außerdem von einer Fördermaßnahme zur anderen, von einem Kurs zum nächsten. So sprechen manche kritischen Autoren in Bezug auf unseren Nachwuchs von der Generation Rücksitz.

Wenn ich meinen Schüler zuhöre, fällt mir regelmäßig auf, dass Kinder vor allem auch ein fundamentales **Bedürfnis nach Erholung** besitzen. Viele scheinen mir nur begrenzt belastbar zu sein. Vor allem Jungen brauchen anscheinend Phasen, in denen sie sich zurückziehen und „chillen", wie sie sagen. Vielleicht brauchen sie einfach viel Zeit und vor allem auch Schlaf, um schlichtweg zu wachsen.

Ich möchte diese Ausführungen über die Bedürfnisse von Kindern mit einigen grundlegenden Aspekten abschließen. Die angesprochenen Bedürfnisse besitzen den Charakter von **Pflichten für Eltern**. Wir müssen in dem gemeinsamen Leben mit den Kindern alles tun, um diesen gerecht zu werden. An vorderster Stelle steht dabei nach der UN-Kinderrechtskonvention das Recht eines jeden Kindes „umgeben von **Liebe, Geborgenheit und Verständnis"** aufzuwachsen. Damit die Entwicklung von Kindern gelingt, sehe ich es auch als bedeutsam an, „das Kind mit Baumaterial für seine Persönlichkeit zu versehen, es aber doch selbst bauen zu lassen!", wie es die Schwedin Ellen Key in ihrem Buch „Das Jahrhundert des Kindes" schon vor 100 Jahren forderte. Eltern müssen sich im Laufe der Zeit immer mehr zurücknehmen, sie müssen lernen, ihre Kinder loszulassen. Mir gefällt das Bild, dass man sie als Kleine an die Hand nehmen muss, später bewegt man sich hinter ihnen, um sie im Notfall aufzufangen, und dann muss man sich daran gewöhnen, Zeiten zu genießen, in denen sie gerne zu einem zurückkehren.

Nach dem klugen Spruch **„Für die Erziehung eines Kindes braucht es ein ganzes Dorf"** ist man bei diesem Prozess als Eltern nicht allein, sondern auf die Solidarität, auf die Mithilfe Kindern zugewandter Personen angewiesen. Vielleicht sollten wir reflektieren, wie kinderfreundlich wir Deutsche tatsächlich eingestellt sind. In Zusammenhang mit der Problematik, dass Eltern heute sehr verunsichert sind und ihre Kinder zu sehr behüten, las ich einige interessante Thesen des großen alten Manns der Pädagogik Janusz Korczak, der etwas provokant folgende Rechte für Kinder einforderte:

„Das Recht des Kindes auf seinen Tod“: Damit meint er, Eltern sollten nicht zu viel Angst haben, ihre Kinder zu verlieren. Sie müssen die Chance erhalten, in Freiheiten eigene Erfahrungen zu sammeln, was nur möglich wird, wenn wir sie nicht beglucken und überbehüten. Korczak fordert außerdem **„das Recht des Kindes auf seinen Tag“**: Wir sollen uns hüten, ständig auf die Zukunft der Kinder zu schielen und es – im Grunde aufgrund unserer eigenen Zukunftsängste – ständigen Fördermaßnahmen und fragwürdigem Aktionismus zu unterziehen. Außerdem meint er, hätten Kinder ein „**Recht auf Misserfolg**“. Gemeint ist damit die Chance, aus Niederlagen zu lernen und Schwächen zu akzeptieren. Bei all dem ist es bedeutsam, dass Kinder das Gefühl entfalten, dass sie einfach so sein können wie sie sind.

16 Eltern, die alles für eine sichere Bindung, für emotionale Sicherheit und eine gelingende Beziehung zu ihren Kindern tun

Sichere Bindung ist das zentrale Thema in der Frage nach starken und glücklichen Kindern und nach ihrer gesunden Entwicklung. Das Thema ist Teil des Leitsatzes des Buchs.

„Vom ersten Tag an haben Kinder zwei Grundbedürfnisse: Sie wollen sich gebunden, angenommen und geliebt fühlen und an Herausforderungen wachsen.“ (Gerald Hüther)

Die **Bedeutung der frühkindlichen Bindung** an die Eltern ist von existenzieller Bedeutung. Im Kern geht es darum, dass Eltern vom ersten Tag an eine liebevolle und vertrauensvolle Beziehung zu ihrem Baby aufbauen. Diese wirkt sich nicht nur positiv auf das Miteinander von Eltern und Kind aus, sondern bildet die Grundlage für eine gesunde körperliche, emotionale und soziale Entwicklung des Kindes.

Der Begründer der Positiven Psychologie, Martin Seligman betont: „Die Evolution hat dafür gesorgt, dass junge Organismen, die sicher und geborgen sind, positive Emotionen fühlen und sich dann der Außenwelt zuwenden und ihre Ressourcen durch Entdecken und Spielen erweitern. Sichere Bindungen sind von überragender Bedeutung. Das bindungssichere Kind fängt früher an, herum zu forschen und Fähigkeiten zu erwerben, als Kinder mit unsicherer Bindung."

(Martin Seligman: Der Glücks-Faktor – Warum Optimisten länger leben, Bastei Lübbe Taschenbücher und Ehrenwirth Verlag, 2002)

Remo Largo beantwortet die Frage: „Was steckt biologisch hinter der Liebe?":

„Kinder haben ein genuines Bedürfnis, sich an vertraute Personen zu binden, sie besitzen ein Grundbedürfnis nach Nähe, Schutz und Zuwendung. Wird dieses nicht gestillt, werden sie körperlich und emotional abhängig und reagieren mit Trennungsangst, Fremdeln, Eifersucht. Kinder binden sich an die Person, die da ist. Es ist nicht unbedingt eine Frage der Qualität der Zuwendung. Die Katastrophe für Kinder ist das Gefühl, allein zu sein. Dabei sind Kinder nicht alle gleich gebunden: Manche brauchen mehr Nähe, andere weniger. Eine Kind gerechte Betreuung liegt dann vor, wenn das Kind jederzeit Zugang zu einer Bezugsperson hat und die Kontinuität der Betreuung gewährleistet ist (Kriterien: Verfügbarkeit und Verlässlichkeit). Außerdem sollte diese Betreuung angemessen sein. Jedes Kind braucht etwas anderes. Ein Problem kann sein, dass Kinder der Reihe nach zu viele Bezugspersonen haben. Dann können Kinder abhängen und depressiv werden. Ungebundene Kinder werden aus der Not heraus aggressiv, depressiv und entwickeln psychosomatische Probleme."

„Wenn Kinder gut gebunden sind, gehorchen sie!"

Provozierend meint Remo Largo: „Nennen Sie mir ein Beispiel von einem Kind, das gut gebunden ist und nicht gehorcht."

(DVD Prof. Dr. med. Remo Largo: Kindern begegnen, Kinder wahrnehmen, 3. Öffentlicher pädagogischer Kongress, Köln, 25.-27. Mai 2006, Schönemetzer Filmproduktion 2006)

Wie aber entsteht eine sichere emotionale Bindung?

(Aus dem Magazin „Gehirn und Geist", Nr. 9/2011: Karl Heinz Brich: Die Wiege der Sicherheit, S. 48):

„Meist kümmert sich die Mutter am intensivsten um das Baby und Kleinkind, und sie wird dadurch zur Hauptbindungsperson. Bald können andere Bindungspersonen hinzukommen wie der Vater, die Schwester oder die Großeltern… Das Kind bindet sich aber nicht an mehr als an drei oder vier Bezugspersonen. Die Hauptbindungsperson steht dabei ganz oben, ihre Anwesenheit und ihr Trost werden bei größerer Angst, Bedrohung oder Schmerzen eingefordert. Ist die aktuell bevorzugte Hauptbindungsperson nicht verfügbar, lässt sich das Kleinkind unter leichtem Protest durch die „zweitbeste" Bezugsperson trösten."

Brich beschreibt, warum sichere Bindungen so bedeutsam sind.

„Sichere Bindungen stellen einen wichtigen Schutzfaktor für die kindliche Entwicklung dar: Kinder mit sicheren Bindungen vertrauen in Notfallsituationen eher auf die Hilfe von anderen und fordern diese auch stärker als unsicher gebundene. Sie schließen mehr Freundschaften, können in Krisen und Konflikten differenzierter reagieren und diese besser bewältigen. Im Vorschulalter schneiden sie in Tests besser ab, in denen Ausdauer und Kreativität gefragt sind, und auch beim Spracherwerb tun sich gebundene Kinder leichter."

Für Gerald Hüther sind sichere emotionale Bindungen in dreierlei Hinsicht bedeutsam: Zum einen sind sie Grundlage eigener Bindungsfähigkeit und damit der Möglichkeit, auf andere zuzugehen, anderen Vertrauen entgegenzubringen, schlichtweg der Fähigkeit zu lieben. Desweiteren bieten sichere emotionale Bindungen durch die Übernahme von Haltungen und Überzeugungen die Möglichkeit, auch eigene innere Leitbilder zu bilden und sind damit Grundlage einer eigenen inneren Orientierung. Drittens sind sie Grundlage eigener Fähigkeiten und eigenen Wissens, dadurch dass diese durch Spiegelung übernommen werden. Sicher emotionale Bindungen sind die Grundlage für die Bildung von Selbstwertgefühl.

Auch für das Erwachsenenleben ist es wichtig, in der Kindheit die Erfahrung sicherer Bindungen zu machen. So aktiviert ein Gefühl von Bedrohung in jedem Alter zuverlässig das Bindungsverhalten. Ich bin der Überzeugung, dass auch nur gebundene Kinder tragfähige Beziehungen mit Lebenspartnern eingehen können. Und schließlich ist die Anbindung zu seinen Nächsten (Partner, Familie, Freunden, eventuell auch Kollegen) Glücksfaktor Nummer eins. Das muss man in der Kindheit erfahren haben.

Feinfühligkeit und Bindungsfähigkeit kann man im Übrigen lernen: Der Mediziner Karl Heinz Brich von der Universität München hat ein **Programm** entwickelt, das dabei helfen soll, Schritt für Schritt eine sichere Bindung zum eigenen Kind aufzubauen. Dabei werden Eltern im frühgeburtlichen Teil des Kurses darauf vorbereitet, die Signale ihrer Babys wahrzunehmen, diese rasch zu erkennen, zu interpretieren und richtig zu reagieren. Anhand von Videobeispielen werden typische Eltern-Säugling-Interaktionen veranschaulicht (Füttern, Stillen, Wickeln, Spielen) und dabei spezielle elterliche Kompetenzen aufgezeigt.

TIPP: Literatur: **SAFE – Sichere Ausbildung für Eltern** (ISBN 978-3-608-94601-7) beziehungsweise www.safe-programme.de

Gelingende Beziehungen leben – die Welt Jesper Juuls:

Im Abschnitt 11 „Müssen deutsche Eltern so viel erziehen?" habe ich die Kritik Jesper Juuls an dem permanenten Erziehen deutscher Eltern angesprochen. Er fordert, Eltern sollten nicht als Prinzipien auftreten, sondern als Personen. Es geht ihm um Authentizität, um die Achtung der Integrität der Kinder und anderer Menschen und um das Leben von Gleichwürdigkeit in Beziehungen. Er fordert: Eltern müssen Verantwortung für die Beziehung und Führung übernehmen. Was ist darunter zu verstehen?

„Kinder sehen sich in Beziehung zu anderen. Sie sind ursprünglich sozial. Von dieser Grundlage geht Juul bei seiner Arbeit aus. Berater, Lehrer und Erzieherinnen und viele Eltern gehen von der Annahme aus, dass Kinder noch keine vollständigen sozialen Wesen sind und dass die Erwachsenen die sozialen Kompetenzen ihnen erst beibringen müssen. Lehrpläne von Schulen und Erziehungskonzepte von Kindergärten dokumentieren diese Haltung."

(Entnommen von www.familylab.de: Das Familienhandbuch des Staatsinstituts für Frühpädagogik (IFP): Das kompetente Kind-Grundprinzipien der Pädagogik von Jesper Juul)

Nach Jesper Juul ist für das Wohlergehen in einer Familie nicht bedeutsam, welche Regeln man aufstelle, sondern wie man miteinander umgehe. Es komme darauf an, anderen Respekt entgegenzubringen und die Würde des anderen zu achten. Er fordert Gleichwürdigkeit in der Beziehung. Gleichwürdigkeit bedeutet nach Jesper Juuls Verständnis, „als Mensch von gleichem Wert sein" sein. Dies beinhaltet sowohl Respekt zu zeigen gegenüber der persönlichen Würde und Integrität anderer, als auch Respekt für die eigene Würde und Integrität einzufordern. Eltern und Kinder hätten beide ein Recht auf Integrität, das heißt, dass man sie als Person sieht mit all ihren Bedürfnissen und einem eigenen Willen. Es geht darum, dass beide Seiten ein positives Selbstgefühl entwickeln können. Ich bezeichne dieses gerne als Selbstwertgefühl und für mich ist es das höchste Ziel von Erziehung und Bildung, das Fundament für ein glückliches Leben als Erwachsener.

Um Beziehung gleichwürdig zu leben, braucht es Achtsamkeit für die Kinder, aber auch für sich selbst. Grundlage ist Kontakt zum Kind, ein gleichwürdiger Dialog und die Pflege einer persönlichen Sprache. Ich habe eingangs schon erwähnt, dass ich mich in den vergangenen Jahren in Anlehnung an Juul um eine derartige Sprache bemühe, die mir in meinem Leben als Lehrer sehr hilfreich ist. In den Büchern Jesper Juuls erscheinen immer wieder einfache Abläufe. Es werden Fragen geklärt wie „Was glaubst du?“ und „Was willst du?“ Er beschreibt, wie aus Erziehung Beziehung werden kann.

Mich fasziniert diese liberale, menschliche Haltung: Es ist mir ein Anliegen, dieses Gedankengut im Umgang mit Schülern, Eltern und Kollegen zu leben und in Fortbildungen und Vorträgen weiterzutragen.

Es ist ein anderes Denken als jenes, in dem viele in diesem Land gefangen sind. Früher konnte der Vater zu seinem pubertierenden Sohn sagen: „Solange du deine Füße unter diesen Tisch streckst, wird gemacht, was ich sage.“ Die Zeiten, in denen Väter derart autoritär auftreten oder Schulleiter behaupten, „Sie machen, was ich als Chef will“, sollten der Vergangenheit angehören. In Vorträgen erläutere ich gerne folgenden Musterwechsel, der das andere Denken Jesper Juuls gut zusammenfasst:

„Amtsautorität“...................persönlichen Autorität

Rollen leben......................... Authentizität

Belehrung/Strafe.................. Interesse/Dialog

Kritik/Lob.............................Anerkennung, **Beziehung**

Macht.....................................Einbeziehung, **Gleichwürdigkeit**

Konventionen.......................**Entwicklung einer Haltung**

Danach geht es um persönliche Autorität und nicht um autoritäre Machtausübung, wie wir es von Führungspersonen kennen, die Macht ausüben in der Intension und dem Glauben, dass andere kuschen müssen. Eltern und Lehrer müssen die Verantwortung für die Beziehung zu Kindern übernehmen. Es geht in keinster Weise um Befehl und Gehorsam oder um Regeln und deren Befolgung. Erzieher sollten auch nicht in eine entsprechende Rolle schlüpfen. Das Entscheidende ist die Authentizität, beziehungsweise Echtheit der Person, so wie sie nun einmal ist. Das bedeutet auch, dass man den Anspruch erheben kann, als Person, so wie man „gestrickt" ist, angenommen zu werden: die Kinder, ebenso wie die Erziehenden. Es geht nicht um Kontrolle, sondern um Interesse am anderen. Daher ist die Form der Kommunikation bzw. des Dialogs bedeutsam. Letztlich geht es nicht um Machtausübung, und vor allem nicht um Bestrafung. Früher lebten wir Konventionen. Es gab klare Aufgaben. Mag sein, dass jemand diese alten Zeiten wieder herbeisehnt. In letzter Konsequenz geht es aber darum, liebevolle Beziehungen zu leben. Diese Botschaft zieht sich wie ein Faden durch die Werke Largos, Hüthers und Juuls.

17 Kinder brauchen Väter - und Großeltern

Wir leben jetzt in der dritten Generation, in der Vätern für ihre Kinder da sind oder zumindest da sein können und das ist gut so. Kinder brauchen Väter: Starke Väter, die eine Bindung zu ihren Kindern aufbauen, generieren starke Kinder. Insbesondere Töchter profitieren davon. Gott sei Dank hat sich im Bewusstsein von Vätern der jetzigen Generation gegenüber früheren Zeiten einiges geändert, meint der Journalist Matthias Kalle in seiner Recherche zum Thema „Neue Väter" (in: Die Zeit, Zeit-Magazin vom 22. September 2011). Er stellt fest, dass nach der großen Väter-Studie des Deutschen Jugendinstituts von 2008 94,9 Prozent der befragten Männer sagen, sie wollten sich „mehr Zeit nehmen für das Kind". Tatsache ist aber, dass 44 Prozent der Väter nach der Geburt ihres ersten Kindes länger arbeiten als vor der Geburt. Sie sind sich der Rolle des verantwortlichen Ernährers bewusst: „Ich habe eine Familie, ihr soll es an nichts mangeln, deshalb muss ich arbeiten." Und dann mangelt es eben doch – an der Anwesenheit des Vaters.

Kalle geht in seinem Artikel auf die These von Heinz Walter in seinem Buch „Vater, wer bist du" ein, wonach sich Väter vor der Geburt bewusst sein sollten, was für ein Vater sie sein wollen und dies kommunizieren, bevor das Kind zur Welt kommt. Er nennt Kommunikationsfähigkeit als Kernkompetenz des modernen Vaters. Er muss sein Anliegen mit Kollegen, mit seinem Vorgesetzten und seiner Partnerin zur Sprache bringen, die manchmal ruhig mehr Vatersein einfordern sollte. Matthias Kalle geht auch auf die Forderungen der Entwicklungspsychologin Liselotte Ahnert ein. Ahnert ist der Auffassung, es gäbe durchaus eine Akzeptanz für die Wünsche von Vätern in unserer Gesellschaft. Väter wollten durchaus ihrer Vaterrolle gerecht werden, sobald es aber um ihre Karriere geht, hätten sie Hemmungen, Angst vor beruflichen Nachteilen. Sie müssten lernen, ihre Anliegen zu artikulieren.

Lieselotte Ahnert forscht über die Bindung von Kindern zu ihren Eltern. Sie stellt fest: „Mit Ausnahme des Stillens gibt es kaum Hinweise, dass Frauen darauf vorbereitet sind, der befähigtere Elternteil zu werden.“ – „Der Vater müsse sich dann allerdings im Umgang mit dem Kind aktiv einbringen, mit ihm sprechen und toben. Anders, riskanter, gefährlicher als die Mutter – eine wichtige Erfahrung für Kinder. Sie sind die Impulsgeber, sie fordern das Kind körperlich heraus, während die Mutter ihm Sicherheit gibt. Mütter regulieren die Gefühlswelt der Kinder, Väter ermutigen.“

Ich frage immer mal wieder Frauen, wie sie es sich erklären, dass sie so sind, wie sie sind. Oftmals kommen wir zur Rolle des Vaters in der Kindheit. Sie erzählen, wie sie mit dem Papa im Wald waren, er ihnen dieses und jenes zeigte. Dass der Vater Schlittschuhe kaufte und man im Winter waghalsige Schlittenfahrten unternahm oder gemeinsam Skifahren oder Reiten lernte. Oft wissen sie nicht, ob sie den „besseren Draht“ zur Mutter oder zum Vater hatten oder berichten mitunter, wie sie in der Pubertät irritiert waren, wenn der Papa nicht so gut damit umgehen konnten, dass die Tochter nun nicht, wie vorher, das liebe, kleine Mädel ist.

Der Vater kann also die Entwicklung seines Kindes in jungen Jahren sehr fördern, ganz einfach durch Kümmern. Lieselotte Ahnert schreibt ihm zum Beispiel die Funktion der Nachtschwester zu: „Unsere Forschungen haben gezeigt, dass es sehr nachhaltig sein kann, wenn der Vater in der Nacht aufsteht und sich um das Kind kümmert, wenn es weint oder nicht schlafen kann.“ Ahnert verlangt nichts Geringeres als Verfügbarkeit. Dabei muss ein Vater nichts anders machen als die Mutter. Für den Aufbau der Bindung zum Kind ist Sensivität das wichtigste. Ahnert bemüht ein schönes Bild: Der Vater muss, genauso wie die Mutter, in der Lage sein, sich in das Kind hineinzuversetzen. Und das ist vielleicht etwas Neues, etwas, das von Vätern früher nicht verlangt wurde – es ist auch das Schwierigste:

„Es fällt Erwachsenen grundsätzlich nicht leicht: sich so weit hinunter zu beugen, dass man ein Kind versteht.“

(Die Zeit, Artikel von Matthias Kalle, Zeit-Magazin 22. September 2011)

Hinunter beugen. Das bedeutet nicht mehr als sich auf das Kind einlassen. Das kostet Zeit, nicht mehr.

Und die Mütter sind gut beraten, dafür zu sorgen, dass ihre Männer Zeit finden, einfach alleine mit den Kindern zu sein. Zeit, in der der Papa die Verantwortung trägt, vieles ganz anders, vielleicht wilder, verrückter, weniger geordnet, abläuft. Zeit, die man übrigens nutzen kann für all die schönen Dinge, die man mal machen möchte, wenn man eben nicht für die Kinder da sein muss. Viele junge Mütter können das sehr gut und genießen diese Auszeiten.

Väter können ihren Kindern so vieles mit auf den Weg geben. Eine Fülle von Tipps und Anregungen enthielt ein Zeitmagazin. „Die Zeit" befragte Prominente. Hier eine Aufzählung ihrer **TIPPS**:

- Dem Kind Fahrradfahren und Schwimmen beibringen
- Die besten Bücher vorlesen und Geschichten erzählen
- Trösten, Erste Hilfe leisten
- Papierflieger bauen, Steine am See flippen lassen
- Kinderfragen beantworten
- Loben und Bestrafen
- Loslassen
- In der Pubertät den Mund halten
- In Würde altern
- Und es kam der einfache Hinweis: ein Paar bleiben.

Kinder profitieren von verfügbaren Großeltern:

Am Heiligen Abend meinte meine Tochter: „Oma, die letzte „Wetten, dass-Sendung" mit Thomas Gottschalk hätten wir uns eigentlich gemeinsam anschauen müssen." Sie wollte damit daran erinnern, wie schön es immer war: Unsere Kinder durften am Samstag bei der Oma übernachten. Und sie gestaltete das als Fest, so wie es wohl viele Großeltern tun. Da gab es zunächst warme Schokolade und man durfte länger aufbleiben. Das war eine Win-Win-Win-Situation: Wir Eltern profitierten, weil wir einen Abend ohne Kinder genießen konnten, für die Oma war es das Höchste, ihre Enkelkinder um sich zu haben und die Kinder bekamen das, was sie brauchten: Aufmerksamkeit, Zuwendung, Liebe. Und bis heute wirkt das nachhaltig. Sie lieben ihre Oma und ihre regelmäßigen Omabesuche kommen von Herzen.

Ich denke, Großeltern sind sehr wertvoll für die Kinder. Und in dieser kinderunfreundlichen Welt setze ich langfristig auf das Engagement der Großeltern. *Dieser Gedanke kam mir bei einer Veranstaltung über Bildung, welche alternative Schulmodelle thematisierte. Eine ältere Dame saß uns gegenüber. Wir wussten, dass sie keine Lehrerin war und fragten sie schließlich nach ihrer Motivation. Sie meinte nur, sie habe Enkel und das Thema interessiere sie.*

Großeltern sind genial und verfügbar: Nach einer Studie des Deutschen Jugendinstituts stehen zwei von drei aller Großeltern für Babysitting zur Verfügung und jedes dritte Kind verbringt einmal pro Woche etwa drei Stunden bei Opa oder Oma. Möglich wird das durch die geografische Nähe, wohnen doch zwei von drei der Enkelkinder weniger als eine Stunde von Opa und Oma entfernt, 38 Prozent davon leben sogar am gleichen Ort und 7 Prozent im gleichen Haus.

(Quelle: Artikel von Martin Spiewak: So nah wie nie zuvor, „Die Zeit" vom 22. Dezember 2011, Nr. 52, Seite 33).

In der Tat sind Großeltern und Enkel **enger verbunden als früher**. Zum einen gibt es im Gegensatz zu früheren Zeiten keine fünf bis sechs Kinder mehr in einer Familie. Im Grunde wetteifern vier Großeltern um die Gunst von zwei bis drei Enkeln. Dabei ist nur ein geringer Teil diesbezüglich „freundlich distanziert" eingestellt und glaubt, im Leben schon hinreichend Betreuungsaufgaben für Kinder geleistet zu haben. Und vor allem, die **Großeltern profitieren von der Betreuungsaufgabe.** Für die Großeltern der Gegenwart ist das Dasein als Oma und Opa ein positiv besetztes Altersbild, eine Art Jungbrunnen. Enkelkinder betreuen macht Sinn und gibt dem eigenen Leben Bedeutung.

Wenn ich mit meinem früheren Chef spreche, reden wir über Schule, andere Menschen, Veränderungen in der Welt. Wenn ich aber nach seinen Enkelkindern frage, dann sehe ich, wie seine Augen blitzen. Das ist sein Thema und er begeistert sich für ihr Verhalten und ihre Entwicklung. Man merkt, ***die Enkel machen*** *ihn und seine Frau* ***glücklich****.*

Großeltern sind aus meiner Sicht **genial**, weil sie das mitbringen, was Kinder so sehr brauchen: Zeit, Ruhe und vor allem bedingungslose Liebe. Sie drängen sich nicht auf und verzichten darauf, ihre eigenen Kinder mit Erziehungsratschlägen zu nerven. Ich finde es interessant, dass sie einen anderen Stil entwickeln als bei den eigenen Kindern. Sie sind offensichtlich flexibel und passen sich dem heutigen Erziehungsstil an. Wahrscheinlich ist es aber so, dass sie ganz auf Erziehung verzichten und **Kinder einfach nur genießen**. Das ist eine Kunst. Opa und Oma erleben ihre Enkelkinder zum Teil intensiver als die eigenen. Sie stellen sich ganz auf die Bedürfnisse der Kinder ein und versuchen diese zu befriedigen. Großeltern gehen ins Kino und Museum. Der Opa tobt mit seinen Enkeln, geht mit ihnen zum Angeln, Reiten, Schwimmen. Er macht den Kasper. Und sie haben das Recht, ihre Enkelkinder einfach nur verwöhnen zu dürfen. Selbst Teenager haben heute noch einmal pro Woche Kontakt zu den Großeltern. So werden sie zu einem emotionalen Anker. Insbesondere bei Trennungen können Großeltern dank der emotionalen Verbundenheit eine große Hilfe für Kinder sein. So profitieren die Enkelkinder ungemein, ebenso wie das dritte Glied in der Kette, die Eltern. Zunächst einmal erleichtert die Bereitschaft der Großeltern, für ein Enkelkind verfügbar zu sein, die Entscheidung für ein Kind. Opa und Oma sind wie ein doppelter Boden in der Kinderbetreuung: zuverlässig, warm und weich. Die Mutter kann wieder berufstätig sein. Sie hat kein schlechtes Gewissen zu arbeiten, wenn sie ihr Kind bei Oma und Opa gut aufgehoben weiß. Am Wochenende kann man mit dem Partner auch einmal wieder einen schönen Abend zu zweit genießen. Das alles stärkt die Beziehung zu den eigenen Eltern ungemein.

18 Eltern, die wissen, wie sich Kinder entwickeln.

Remo Largo beschäftigte sich in Studien mit der Entwicklung „normaler" Kinder. Dabei verglich er Kinder mit weniger entwickelten. Er stellt fest, dass organische und funktionelle Strukturen bei jedem Kind anders angelegt sind. Sie reifen unterschiedlich rasch heran. Fähigkeiten und Verhalten treten daher von Kind zu Kind in verschiedenen Ausprägungen und in einem anderen Alter auf. Die Anlage schafft die Voraussetzungen für die Entwicklungen und legt das Entwicklungspotenzial eines Kindes fest. Die Umweltbedingungen bestimmen, wie viel von diesem Potenzial realisiert werden kann. Seine Erkenntnisse fasst er in seinem Vortrag „Kinder wahrnehmen, Kindern begegnen" zu folgenden Thesen zusammen:

(DVD Prof. Dr. med. Remo Largo: Kindern begegnen, Kinder wahrnehmen, 3. Öffentlicher pädagogischer Kongress, Köln, 25.-27. Mai 2006, Schönemetzer Filmproduktion 2006)

1 „Selbst unter idealen Umweltbedingungen kann ein Kind nur entwickeln, was in ihm angelegt ist.
2 Das Kind entwickelt sich aus sich selbst heraus.
3 Das Kind kann immer nur so viel von seiner Umwelt aufnehmen, wie ihm von seinem Entwicklungsstand vorgegeben ist.
4 Ein Angebot, welches über seine Bedürfnisse hinausgeht, bleibt ungenutzt und behindert gar seine Entwicklung.“

Damit erteilt Remo Largo den überzogenen Förderbestrebungen (siehe S. 40), die viele Eltern ihren Kindern in jungen Jahren unterziehen, eine klare Absage.

Remo Largo beschreibt, wie Kinder verschieden auf die Welt kommen und immer verschiedener werden. Sie lernen zum Beispiel freies Laufen zwischen acht und 20 Monaten. Die ersten Worte kommen, vor allem bei Mädchen, nach zwölf, bei manchen Buben erst nach 22 bis 24 Monaten. Manche Kinder lesen schon mit drei Jahren, die meisten lernen Lesen zwischen sechs und acht Jahren, manche erst mit zehn Jahren, wenige erst im Erwachsenenalter. In der motorischen Entwicklung liegt der Unterschied zwischen den Kindern, die am raschesten und denen, die am langsamsten wachsen bei 100 Prozent. Man sieht, das ist alles normal und stellt eine unglaubliche Spanne dar!

In diesem Zusammenhang muss ich an eine clevere Schülerin meiner letzten Klasse denken. Tamara war „a big fish in a little pond“, ein in dem kleinen Teich (pond) der Schüler an meiner Landhauptschule im Vergleich zu den Klassenkameraden überdurchschnittlich begabtes, aus meiner Sicht wirklich intelligentes Kind. Mir gefiel auch ihr Selbstbewusstsein. So meinte sie: „Wozu soll ich lernen? Ich schreibe sowieso Zweier.“ Das tat sie dann auch und sie scheute sich nicht zur Schulleitung zu gehen und sich nach einer Internetrecherche mit Paragraphen der bayerischen Volksschulordnung für die Rechte von Schülern einzusetzen. Das gefiel mir. Sie ist künstlerisch begabt und schaffte die Aufnahmeprüfung an eine Fachoberschule für Design. Daher fragte ich sie eines Tages, warum sie nach der vierten Klasse nicht die Realschule oder das Gymnasium besuchte. Sie sagte: „Ich war viel zu schlecht, ich konnte nicht mal lesen. Das kam alles in der sechsten Klasse.“ Tamara kann wirklich sehr gut lesen und sich elegant ausdrücken, spricht verständlich Englisch und auch in Mathematik ist sie nicht schlecht – ein schöner Beweis, wie Recht doch Remo Largo hat.

Remo Largo sieht die Haltung mancher Eltern in diesen Fragen als sehr kritisch an. Viele scheinen zu denken: Kann man das ändern, gibt es

Tricks? Wollen wir die Kinder anders haben? Das Problem ist, dass viele Eltern…

1. …sich dieser enormen Zeitspanne nicht bewusst sind.
2. …ihren Kindern nicht die notwendige Zeit für Entwicklung einräumen.
3. …durch ständiges Vergleichen und Bewerten ihrer Kinder dermaßen verunsichert sind, und daher zu Frühfördermaßnahmen greifen.

In Zürich, sagt Remo Largo, haben 60 Prozent der Kinder in der Unterstufe irgendwelche dieser „Maßnahmen". Er stellt in seinem Vortrag weitere provokante Thesen auf:

„Ich mache die Erfahrung in unserer Gesellschaft, dass es immer schlimmer wird. Schwächere Kinder werden immer mehr ausgegrenzt."

„Unsere Intoleranz entscheidet, ob ein Kind normal ist oder nicht."

„Wenn ein Kind quer liegt, ist das primär unser Problem. Was machen wir da falsch?"

In der Pubertät eskaliert die Spanne noch mehr: Kinder sind mit 13 Jahren zwischen 1,32 und 1,74 m groß. Manche 13-Jährige sind auf dem Niveau von Zehnjährigen, andere auf dem Niveau von 16-Jährigen. Das Schlimme ist, bei der körperlichen Entwicklung sind die Unterschiede noch am geringsten.

Im Hinblick auf das System Schule und Lehrer provoziert Largo:

„Als Pädagoge hat man versagt, wenn man es nicht schafft, dass das Kind überwiegend Erfolgserlebnisse hat."

Er fordert, dass aufgrund der Vielfalt unter den Kindern nur eine Individualisierung des Unterrichts den Kindern gerecht werden kann. Jedes Kind braucht individuelle Lernerfahrungen: Das Kind wird dann dort abgeholt, wo es in seiner Entwicklung steht. Largo denkt:

„Kinder, die nicht genügend Erfolgserlebnisse haben, haben letztendlich ein schlechtes Selbstwertgefühl und das ist die Katastrophe."

Er stellt die Frage, ob wir eine kindgerechte Schule wollen? Das ist eine Frage der Rahmenbedingungen: der Klassengröße, der Lehrerzuweisung, der Qualifikation der Lehrer, der Ausbildung der Schulleiter zu Schulmanagern usw. In der Schlussfolgerung aller Erkenntnisse meint er:

„Das Beste, was wir als Eltern und Fachleute machen können: das Kind so nehmen wie es ist."

TIPP: Lesen Sie sein geniales Buch „Schülerjahre". Es gehört in die Bibliothek jedes Lehrers. Es müsste Inhalt jeder Lehrerausbildung sein.

Eltern haben oft sehr hohe Erwartungen an ihre Kinder. Daher weise ich bei Vorträgen gerne auf die wissenschaftlichen Erkenntnisse hin: Durchschnittliche Eltern generieren durchschnittliche Kinder, ansonsten gilt aber das interessante Phänomen des **„Regression to the Mean"**, des Drangs zum Durchschnitt: So liegt bei sehr groß gewachsenen Eltern die Chance bei über 80 Prozent, dass ihr Kind kleiner wird und umgekehrt. Das Gleiche gilt für die Frage der Intelligenz. Manchen Eltern gefällt diese Tatsache nach meiner Einschätzung nicht so sehr.

19 Eltern, die erkennen, dass Jungen und Mädchen das sind, was man aus ihnen macht.

Gibt es ein Rosa-Gen für Mädchen oder ein „Ich finde Pistolen toll-Gen" für Jungen? Natürlich nicht. Aber, warum sind Jungs so wie sie sind und warum ticken Mädchen anders als Jungs? In der Frage nach den Genen schließe ich mich ganz der Einstellung von Gerald Hüther an, der meint, bald werde niemand mehr über Gene sprechen. Es sind vor allem die Umwelteinflüsse und entscheidend sind die Beziehungen, in denen wir leben, die uns prägen. Damit sind wir bei dem Schlüssel zu der Thematik „Was macht Jungen zu Jungen und Mädchen zu Mädchen?" In dieser Frage stieß ich auf einen interessanten Artikel von Bärbel Kerber in der Zeitschrift, „ Psychologie heute" (2011, Titel 21).

In Afghanistan dürfen nur Jungen arbeiten. Manche Familien sind aber so arm, dass sie Töchter zum Arbeiten schicken, weil sie auf das Geld angewiesen sind. Dafür müssen sich die Mädchen als Jungen verkleiden. Das Erstaunliche ist, unter Jungen benehmen sich die Mädchen ganz natürlich wie Jungs, im Kreise von Mädchen wie Mädchen.

Ist es also so, dass Jungen und Mädchen das sind, was man aus ihnen macht? Bekommen nicht Kinder von klein auf gezeigt, wie man als Mädchen oder als Junge zu sein hat? Ich denke, da ist etwas dran. Und später? Ist es von Natur aus vorgesehen, dass Frauen einfühlsam und eher vorsichtig, Männer dagegen machtorientiert und egozentrisch sind? Sind Frauen stutenbissig, Männer in Konfliktsituationen ehrlicher? Können wir uns das über die Biologie erklären?

Cornelia Fine stellt fest, dass **Geschlechterklischees** nicht nur Beschreibungen sind, sondern auch **gesellschaftliche Vorschriften**. Nach ihrer Auffassung sind Frauen nicht nur fürsorglicher und weniger ambitioniert, sie finden auch, dass sie das auch sein sollten. Das bedeutet, wenn sich eine Frau in typisch männlicher, selbstbezogener Weise verhält, wird sie auch wirtschaftlich und gesellschaftlich bestraft. Sozialpsychologen fanden heraus, dass in Situationen, in denen das Geschlecht im Hintergrund steht, sich Frauen und Männer erstaunlich ähnlich verhalten. In meinem Beruf arbeite ich viel mit Frauen zusammen und kann keinen großen Unterschied erkennen. Sowohl Männer als auch Frauen sind also in ihren Möglichkeiten durch Rollenerwartungen und Geschlechterstereotype eingeschränkt und das macht einen Großteil des Unterschieds aus.

Eines ist außerdem erstaunlich: In der Schule sind Mädchen insgesamt erfolgreicher. Ich sage immer gerne provozierend: Das System ist weiblich. Eigentlich müssten wir ein Land voller Angela Merkels bekommen und Männer müssten viel mehr als Hausmänner agieren, weil die Dame des Hauses angesichts der besseren Abschlüsse mehr Geld heimbringt. Erstaunlich ist aber, dass Männer wohl schlechter in der Schule waren, danach aber erfolgreicher im (Berufs-) Leben. Die Ursache: Sie besitzen offensichtlich ein größeres Selbstwertgefühl. Schule ist eben doch nicht alles, Gott sei Dank!

20 Eltern, die erkennen, wie Kinder lernen und warum schulisches Lernen überbewertet wird

Wie funktioniert Lernen?

Der Kommunikationsforscher Paul Watzlawick stellte fest: „Wir kommunizieren immer, ständig. Wir können nicht Nichtkommunizieren.“ Und so wie wir fortlaufend nonverbal oder per Sprache Botschaften senden beziehungsweise empfangen, so verhält es sich auch mit dem Lernen: Wir lernen ständig, immer, jeden Tag. Wir können nicht Nichtlernen. Nur müssen wir differenzieren von welcher Form von Lernen wir sprechen. Von dem informellen Lernen oder von dem formellen Lernen, das erforderlich ist, um sich zum Beispiel in der Schule unterrichtliche Inhalte anzueignen, die man abprüfen kann, so wie es Lehrer fordern. Und wenn man den Hirnforschern Roth, Spitzer, Bauer und Hüther Glauben schenken darf, und das sollten wir, so stehen wir vor einer Revolution des schulischen Lernens. Ich behaupte, Schule wird unter Berücksichtigung dieser Erkenntnisse innerhalb von zehn Jahren ein andere sein. Aber was für eine?

Wie aber lernen Kinder?

Kinder lernen vom ersten Tag an durch Nachahmung und sie lernen, angetrieben von Entdeckerfreude, anhand von Erfahrungen, durch Bewältigung von Herausforderungen und Problemen. Lernerfahrungen sammeln sie, sobald sie sich in Bewegung setzen und sich von der schützenden Hand von Mama oder Papa lösen. Gerald Hüther beschreibt, dass es an den Rahmenbedingungen liegt, wie nachhaltig wir lernen. Er fasst die Ergebnisse der Hirnforschung zusammen. Er erzählt, was das Gehirn zum Wachsen bringt, wie sich Synapsen verknüpfen und aus Pfaden Trampelpfade und irgendwann Autobahnen im Gehirn werden und dieser Dünger ist schlichtweg **Begeisterung.**

Mit Leidenschaft erzählt Hüther, dass ein 85-jähriger Mann Chinesisch lernen kann. Natürlich nicht in Berlin an der Volkshochschule. Aber dann, wenn sich dieser Herr in eine attraktive 65-jährige Chinesin verlieben würde. Mit einer Dame, die aber nur in einem kleinen chinesischen Dorf mit ihm leben möchte, dann würde er dort innerhalb eines Jahres Chinesisch lernen, ganz klar.

Und Hüther erzählt die Geschichte vom kleinen, sechsjährigen Konrad Lorenz, der einen Käfer findet, als sein Vater im Garten den Boden umgräbt. Natürlich will er wissen, was das für ein Käfer ist. Der kluge Vater fordert seinen Sohn daraufhin auf, es selbst herauszufinden. Dazu soll Konrad im Bestimmungsbuch nachschauen, das rechts neben dem Schreibtisch im Arbeitszimmer liegt. Konrad verschwindet dorthin, findet das Buch und schaut sich Bild um Bild an, bis er den Käfer findet. Nach einer halben Stunde kommt er freudestrahlend zum Vater und meint: Junikäfer. Der Vater erwidert nur: „Und ich dachte schon Maikäfer." Dann schickt er ihn nochmals ins Haus, weil er doch gerne den lateinischen Namen wissen möchte. Konrad findet diesen natürlich heraus.

Herrlich, wie der Vater die Entdeckerfreude seines Sohnes nicht mit einem langen Vortrag über Käfer killt. Lernen braucht Entdeckerfreude, Begeisterung für eine Sache und Tun. Das bildet Verzweigungen im Gehirn. Und diese Form des Lernens hat immer mit positiven Gefühlen zu tun: Freude, Stolz – um nur zwei zu nennen.

(DVD: Prof. Dr. med. Gerald Hüther: Was können wir zum Gelingen der Bildung unserer Kinder beitragen AV1 Film + Multimedia 2011)

Eltern (Erzieher, Lehrer) sind gut beraten, wenn sie Entdeckerfreude und Begeisterung in den Kindern lebendig halten und Rahmenbedingungen für freies Spiel stecken, für leidenschaftlich ausgeübte Hobbys, für Entdeckungsreisen in die Natur und so weiter. Und nachdem Kinder durch Nachahmung lernen, lernen Kinder, wenn Eltern (und Lehrer) als positives Modell Dinge mit Leidenschaft und Begeisterung tun. Ich denke, unsere Tochter hat so viel mehr bei ihrer über Jahre hinweg leidenschaftlich betriebenen Reiterei gelernt als in allen Mathematik- und Geschichtsunterrichtsstunden. Ich will damit den Fokus darauf legen, dass es in der Schule für Kinder darum geht, eine Anpassungsleistung an gegebene Umstände zu erbringen. Es stellt sich die Frage: Was bringt das für das Leben der Kinder? Lernen sie für die Schule oder lernen sie für das Leben? Jedenfalls sollte Schule nicht so viel Raum einnehmen, dass für das Entwickeln von Leidenschaft und Begeisterung keine Zeit mehr bleibt. Am besten, Lehrer machen sich auf die Suche danach und stecken Rahmenbedingungen, damit Begeisterung zur Entfaltung kommt. Begeisterung, die in ihnen oder den Schülern lebt. Meiner Meinung nach, stehen wir in dieser Hinsicht vor einer Revolution schulischen Lernens. Außerhalb der Schule stecken Eltern den Rahmen für diese Form nachhaltigen Lernens ab.

Schulisches Lernen – nachhaltiges Lernen?

Auf die Problematik schulischen Lernens verweisen auch die Neurologen Gerhard Roth und Manfred Spitzer, die harsche Kritik üben. Sie bezweifeln die Effektivität der schulischen Wissensvermittlung. Spitzer meint, Schule werde den Gehirnen der Kinder nicht gerecht. Roth stellt in seinem Buch „Bildung braucht Persönlichkeit“ anhand von Untersuchungen die These auf: Fünf Jahre nach dem Abitur geht die Wirksamkeit des schulischen Wissens gegen Null. (Roth, S. 297) Spitzer bezweifelt die Wirksamkeit der schulischen Bemühungen in der Pubertät. In dem Kapitel Persönlichkeiten brauchen Bildungschancen ist zu lesen:

„Es mehren sich die Hinweise dafür, dass die Phase der Pubertät (aufgrund von Gehirnumbau und anderen ‚Entwicklungs- und Anpassungsprozessen durch biologisch bedingte Lernschwierigkeiten charakterisiert ist." – „Jugendliche brauchen in dieser Zeit, die eigentlich der Bewältigung von bereits Gelerntem in neuen Umgebungen und Herausforderungen gewidmet sein sollte, alles andere als Fächer: Sie haben mit sich und ihrer Stellung zu anderen genug zu tun." – „Wenn Pubertierende also neue Umgebungen brauchen, um zu lernen und vor allem, um sich neu zu bewähren, dann stört die Einförmigkeit der Schule. In dieser Zeit haben viele Schüler erstens ohnehin „null Bock auf nichts" und zweitens gibt es gerade angesichts der G8-bedingten Komprimierung des Stoffs auf acht Gymnasialjahre besonders viel zu lernen. Dies passt nicht zur Neurobiologie des Menschen in dieser Phase."

(Professor Manfred Spitzer: Medizin für die Bildung, Spektrum Sachbuch, 2010, S. 186)

In der Konsequenz sollten wir anfangen, über den Ablauf von Bildungsprozessen nachzudenken. Spitzer schlägt einen Auslandsaufenthalt als das Beste vor, das jungen Menschen in dieser Phase passieren kann. Er möchte die Schulpflicht in der Mittelstufe lockern, sieht für dieses Alter Lehrjahre als Wanderjahre. Viel wichtiger als Lernstoff sei in dem Alter das Aufwachsen in einer Wertegemeinschaft, die klare Spielregeln vorgibt (S. 187). Ich würde mir wünschen, dass diese Erkenntnisse Grundlage von Diskussionen über Schulentwicklung würden.

In der „Zeit" wurde im Juli 2011 die Frage diskutiert, ob Schüler in Deutschland in der Schule nicht mit zu viel ineffektivem Wissen traktiert werden. Die Lehrpläne seien überfrachtet und Schüler müssten sich zu viel unnötiges Detailwissen aneignen, das sie sowieso vergessen würden. Mir gefielen die Statements von Professor Heinz-Elmar Tenorth. Er sagt, Bildung ist das, was nach der Schule übrig bleibt. Schule würde eine solide Grundbildung gewährleisten und 80 Prozent der Schüler würden vom deutschen Schulsystem gut bedient. Tenorth ist der Meinung, dass doch vieles hängen bleibt. Er beschreibt den Nutzwert von Schule. So spricht er davon, dass man Wissensgebiete kennenlernt, wie zum Beispiel die Mathematik, die unwiderlegbar sind. Schüler würden Perspektiven auf die Welt lernen, die ihr eigenes Recht haben, eben historisch, naturwissenschaftlich, sprachlich kommunikativ, künstlerisch. Außerdem würden Schüler ihre Grenzen erfahren und die Erfahrung machen, was andere besser können. Tenorth beantwortet die Frage nach der überzogenen Stofffülle. Man solle ein verpflichtendes Kernkurrikulum definieren, ansonsten die Lehrpläne als Quelle der Inspiration so lassen, wie sie sind, damit einzelne Schüler oder Klassen zusätzliche Themen ausarbeiten können. Das würde ich sehr begrüßen. In einer weiteren Forderung bin ich ganz auf seiner Seite, nämlich dem Wunsch, Lehrer das unterrichten zu lassen, wofür sie brennen, wofür sie sich begeistern, für Sport, Musik, Kunst, Theater und Kultur, Tanz, Jonglieren, Einrad fahren, Fotografie, für die Erkundung der Welt. Manche Schulen bieten zum Beispiel Alpenüberquerungen an, damit sich die Schüler spüren und um an Herausforderungen zu wachsen. Solche nachhaltig wirkenden Lernerfahrungen sind das, was Schüler brauchen und nicht so viel Stoff. Ich bin der Meinung, sie sind keine Drogensüchtigen.

Außerdem müssen wir noch eine weitere Erkenntnis der Hirnforschung bedenken. Hüther sagt: „**Unser Gehirn ist ein Sozialorgan**."

(DVD Prof. Dr. med. Gerald Hüther: Was Kinder brauchen – Neue Erkenntnisse aus der Hirnforschung, Seminar in Zürich, Juli 2006, Auditorium Netzwerk 2006, jokers edition)

Das heißt, wir lernen durch Bezugspersonen, vom ersten Tag unseres Lebens an durch Nachahmung. Die Qualität der Vorbilder beeinflusst unser Lernen. Lernen braucht Beziehung. Bis zum 16. Lebensjahr lernen Schüler im Grunde für Mama, Papa oder die Lehrer. Das merken Eltern am ersten Schultag, wenn Kinder mit dem Stundenplan heimkommen: „In Englisch haben wir Frau Müller, die ist nett, in Mathe den Herrn Geier, das ist die Hölle." Eltern wissen dann: In Englisch wird es passen, in Mathe, schauen wir mal.

Sozialisation oder Dressurlernen?

Komme ich zur Vertretung in eine Klasse, interessieren mich die jungen Menschen: Ich frage sie, was sie gut können, für was sie sich begeistern. Regelmäßig bringe ich dann meine Verwunderung zum Ausdruck, wie wenig sie sich selbst reflektieren. Sie sind sich ihrer Stärken nicht bewusst. Sie sind vor allem über Jahre im System Schule kooperativ. Im Grunde trotten sie den Lehrern willig hinterher, wie Schafe ihrem Schäfer, es ist unglaublich. …

Eine Freundin unseres Sohnes erzählte von ihrer Grundschulzeit. Der Lehrerin war es ein Dorn im Auge, dass die Kinder auf dem Weg zur Turnhalle so lärmten. Sie erzählte den Kindern, sie sollten sich vorstellen, die Schule sei ein Aquarium und sie seien die Fische. Daraufhin liefen die Jungen und Mädchen mit sich immer wieder öffnenden und schließenden Mündern zur Halle. Es war tatsächlich ruhig.

Ich stellte mir das bildlich vor und fragte, ob sie sich das hat gefallen lassen. Sie meinte: „Das war schön! Ich wollte immer der erste Fisch sein."

Ich bewundere meine Grundschulkolleginnen. Ab und zu besuche ich eine Grundschulklasse. Manche sitzen nach der Pause wie die Zinnsoldaten auf den Bänken vor den Klassenzimmern und sagen nichts, einfach gar nichts, sind mucksmäuschenstill – bis der Lehrer oder die Lehrerin kommt. Ich bin oft ganz überrascht, sage spontan: „Meine Güte, seid ihr brav." Und ich denke mir: „Wie machen das die Lehrer nur?" Phänomenal.

Diese Frage habe ich einer Kollegin gestellt. Sie meinte: „Ganz einfach, dafür bekommen sie einen Stern."

Jesper Juul hat so Recht: Kinder kooperieren. Aber das muss ja so sein: Sozialisation ist wichtig. Kinder brauchen Strukturen, müssen die Kulturtechniken durch Instruktion erlernen, brauchen Lob und Tadel. Noten geben ihnen Orientierung, wo sie stehen, und wenn sie Defizite aufweisen, wird in diesem Bereich gefördert. Übrigens: Es wäre so hilfreich, wenn man dafür an den Schulen ausreichend ausgebildetes Personal hätte. Was bringt dieses defizitorientierte Denken? Ich denke, wir brauchen ein anderes Lernen an Schulen: Remo Largo fordert mehr individuelles Lernen. Er sagt, Kinder bräuchten vor allem Erfolgserlebnisse. Gerald Hüther propagiert, dass Lernen über Begeisterung gelingt und die Positive Psychologie fordert eine intensivere Entwicklung der Stärken von Schülern.

Was Kinder ganz nebenbei lernen

Und dennoch lernen Kinder in der Schule wahnsinnig viel, ganz von selbst, ohne großes Zutun der Lehrer, durch **informelles Lernen**: Man muss rechtzeitig aufstehen, in die Gänge kommen, pünktlich sein, soweit strukturiert sein, dass man seine Sachen dabei hat. Man lernt Ordnung halten, sich Ziele zu setzen, ehrgeizig sein, Erfolge zu genießen, mit Schwächen fertig zu werden. Man lernt Freundschaften zu knüpfen und zu streiten, sich für andere zu engagieren, eine eigene Meinung zu entwickeln und diese zu vertreten. Man lernt, sich in eine Gruppe zu integrieren und darin eine Rolle einzunehmen. Man kann das Leben von der schönsten Seite kennen lernen und die Bedürfnisse befriedigen, die sich durch das ganze Leben ziehen, nämlich sich mit anderen verbunden zu fühlen und an Herausforderungen zu wachsen. Hüther beschreibt die tollen Möglichkeiten, wie Schulen diese Grundbedürfnisse befriedigen können, in seinem genialen Buch „Was wir sind und was wir sein könnten“ (S. Fischer Verlag, 2011): Er empfiehlt das gemeinsame Spielen (S.159), die Märchenstunde als Ritual und Zaubermittel (S.165) und gemeinsames Singen. Ich denke auch, dass Basteln, das gemeinsame Vorbereiten von Feiern und Festen, viele Formen der Gruppen- und Projektarbeiten, Tanzen, Theater und das gemeinsame Sporttreiben unheimlich dienlich sind. Dann passiert das, was wirklich Lernen ist, was nachhaltig wirkt, nämlich: Flow.

Was ist Flow? Hüther beschreibt die Funktionsweise des Lernens mit dem folgenden Kreisbild: Danach beruht Lernen auf Begeisterung und **Entdeckerfreude.** Entdeckerfreude ist das Streben nach Grenzen, zu erfahren, was man noch nicht kennt, zu denken, was noch nicht gedacht wurde. Diese Entdeckerfreude ist eine allgemeine Eigenschaft von Menschen, genetisch bedingt, aber auch durch Umwelt verursacht. Sie treibt den Menschen an, sich Herausforderungen oder Problemen zu stellen. Deren erfolgreiche Bewältigung generiert Selbstvertrauen bzw. Selbstwertgefühl, was zur Folge hat, dass man eine positive Erwartungshaltung entwickelt, sich ähnlichen Herausforderungen erneut zu stellen. Erfolgserlebnisse „kicken“ und führen dazu, dass man mehr davon will. Wenn man tief versunken einer derartigen Tätigkeit nachgeht, die einem ungeheuer Spaß bereite spricht man von Flow. Und Kinder sind regelmäßig im Flow: „Wenn kleine Kinder spielen, bei der Sache sind, auf Entdeckungsreise gehen, immer in Bewegung sind, aktiv nach Erlebnissen suchen. Dann sind sie überrascht, freudig, traurig … bis sie müde und hungrig werden.“ – „Kindliche Neugier kann man eigentlich nicht ersticken.“

(DVD Prof. Dr. med. Gerald Hüther: Was Kinder brauchen – Neue Erkenntnisse aus der Hirnforschung, Seminar in Zürich, Juli 2006, Auditorium Netzwerk 2006, jokers edition)

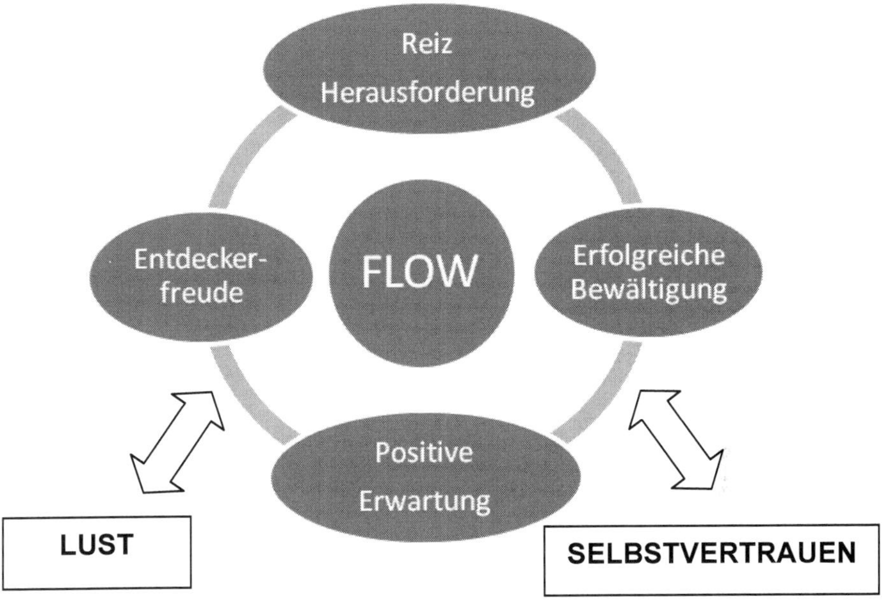

Hüther beschreibt andererseits die selbstzerstörerische Kraft von Angst und das Grausame eines negativen Selbstbilds. Dies erfahren Kinder, wenn sie vor Aufgaben stehen, die sie nicht schultern können. Aufgaben, welche sie überfordern. Wenn sie die negative Erfahrung machen, zu scheitern, stößt es sie in tiefe Selbstzweifel. Die Folgen sind verständlich. Man versucht dieser Überforderung aus dem Weg zu gehen. Man bekommt Angst und entwickelt eine Verweigerungshaltung. Diesen Teufelskreis kann man wie folgt darstellen.

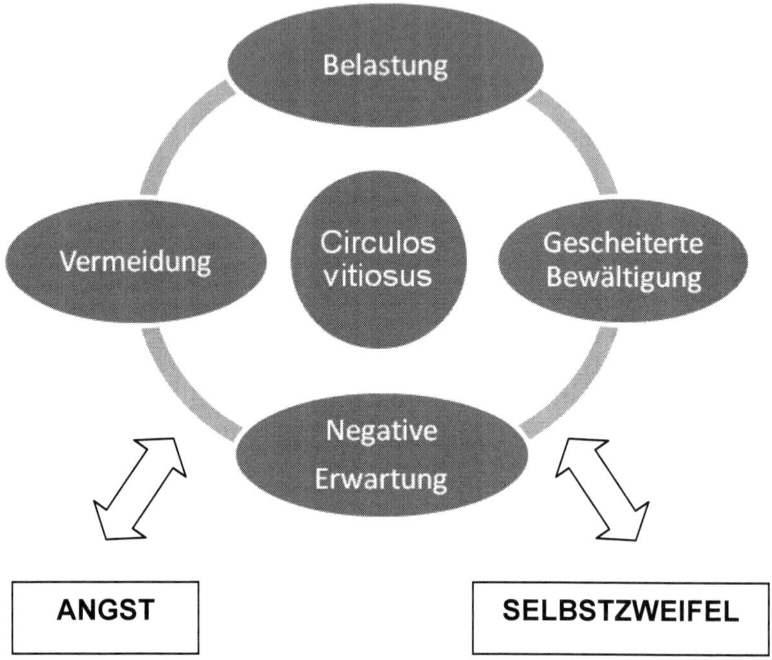

Ich persönlich kann **Kinder dieses Frusts**, wie ich sie in der Schule erlebe, gut verstehen. Um sein Selbstbild einigermaßen aufrecht zu erhalten strengt man sich einfach nicht mehr an. Man lernt nicht, weil man in den Prüfungen sowieso die schlechten Noten kassiert. Und wenn schon, dann ist es doch besser, man kann (zu sich selbst) sagen: „Das war doch klar, ich habe nicht gelernt“ als dass man sich der Erkenntnis stellen muss: „Ich habe gelernt und trotzdem versagt.“ Und wenn wir mal ehrlich sind: Wir als Erwachsene machen das doch auch so: Das, was wir nicht können, umgehen wir. *Ich singe nicht vor anderen, ich habe gelernt, das kann ich nicht. Ich singe, nur allein im Auto und dann macht es wirklich Spaß.* Ich habe vollen Respekt vor singenden Schülern, die nicht gut singen können, vor all denen, die die Rechtschreibung nicht beherrschen und sich trotzdem bis zur Abschlussprüfung um eine ordentliche Diktatleistung bemühen. Jesper Juul hat Recht: Kinder sind äußerst kooperativ.

Konsequenzen für Eltern:

TIPP: Achten Sie sehr darauf, wie es Ihren Kindern in der Schule geht. Lassen Sie es nicht zu, dass sie in einen derartigen Teufelskreis geraten. Es gibt so viele Bereiche, wo sie Flow erleben können, der motiviert und hilfreich ist. Alle Kinder können etwas besonders gut und besitzen Talente. (siehe dazu „Das Konzept der 8 Intelligenzen“ von Gardener im nachfolgenden Abschnitt 21, ab Seite 52). Begeben Sie sich auf die Suche nach Lebensbereichen für Ihre Kinder, in denen sie nachhaltig lernen, wo sie ihre Entdeckerfreude austoben können, Erfolgserlebnisse haben, mit Begeisterung dabei und mit anderen verbunden sind, nach Zeiten, in denen die Kinder…

1. …lachen.
2. …sich wohlfühlen.
3. …viel kommunizieren.
4. …mit anderen zusammenarbeiten.
5. …ehrgeizig, selbstverantwortlich und selbsttätig sind.
6. …ein positives Feedback erfahren und Erfolgserlebnisse sammeln.

Das Leben von Eltern mit Kindern bietet so viele Momente, die all dieses gewährleisten: beim Spielen, bei der Ausübung von Hobbys, bei Familienfesten, im Urlaub, …

Soziales Lernen

Sehr spannend sind Remo Largos Vorstellungen über Sozialisierung und das Erlernen von Kulturtechniken Er glaubt nicht daran, dass man Kindern sagen muss, was sie zu tun haben. Nach seiner Überzeugung und das sei ein uralter Mechanismus, werden Kinder über das **Vorbild** sozialisiert. Kinder kommen mit dem Grundbedürfnis zur Welt, das nachzuahmen, was sie sehen. Kinder schauen: Was machen die Erwachsenen, was machen die anderen Kinder und das machen letztendlich sie. So lernen sie auch Gewalt, durch Vorbilder in der Familie, im TV, in der Schule.

Das ist problematisch: Die Supernanny, die auf RTL gezeigt wird, zeigt den Notstand auf. Grundsätzlich geht es weniger darum, Grenzen zu setzen. Das Problem ist, dass diese Kinder emotional vernachlässigt sind. Deshalb akzeptieren sie auch die Grenzen nicht, sie sind ungehorsam. Remo Largo provoziert in seinem Vortrag „Kinder wahrnehmen“:

„Wenn Kinder gut gebunden sind, gehorchen sie. Zeigen Sie mir ein gut gebundenes Kind, das nicht gehorcht. Das gibt es nicht!“

Die Qualität der Beziehung von Eltern zu den Kindern und die Qualität des Vorbilds ist ein Problem, aber noch problematischer und größer ist ein anderes Problem: Vorbild sein braucht Zeit.

Lernen von Moral und Werten

Gleich vorweg: das Erlernen von Werten und Moral ist kein Gebiet in dem sich Eltern Stress machen sollten. Das schreiben Ralph Darwirs und Gunther Moll in ihrem Buch „Die 10 größten Erziehungsirrtümer“ (Beltz Verlag, 2010, S. 200). Es geht nicht um die Vermittlung eines Wertekatalogs, von Regeln und um die Erfüllung von Erwartungen. Sie empfehlen, Eltern sollten diesbezüglich ganz gelassen bleiben und einfach sein, was sie sind: eben ein gutes Vorbild.

Die Ärzte betonen in ihrem Buch, dass Kindern von Geburt an im Grunde eine „moralische Grammatik“ bereitgestellt sei (S. 194). So wie sich in Kindern Sprache entwickele, so entfalte sich auch Moral, quasi von allein. In Kindern ist angelegt, dass sie das Gute tun wollen. Ziel der moralischen Erziehung ist es darüber hinaus, dass Kinder auch „das Gute tun“ (S. 199). Das ist abhängig vom familiären Klima, von der Beziehung der Eltern zum Kind. Und diese ist getragen von Liebe, von Verständnis und einem Spielraum für Konfliktbewältigungen. Elterliche Empathie ist der Schlüssel zu sozialem Handeln in der Gemeinschaft. Für das Erlernen von sozialer Kompetenz sei es wichtig, die Erfahrung zu machen, dass man auch Regeln aushandeln kann. Außerdem spielen Gleichaltrige eine große Rolle in der Entwicklung eines Wir-Gefühls. Eltern sollen daher Freundschaften zulassen und fördern. Darwirs und Moll behaupten:

„Werteerziehung ist ein Erziehungsgeschäft, das ganz auf unsere Haltung, unsere Mimik, unsere Gesten und darauf, was wir tun, basiert, weniger darauf, was wir sagen.“ (S.194)

„Soziale Kompetenz, letztendlich ihr Glück, hängt entscheidend davon ab, inwieweit es dem Kind gelingt, die rechte Balance zwischen prosozialen und egoistischen Handlungen zu finden und nachhaltig leben zu können.“ (S.199)

All das ist aber kein Feld für viel Gerede und Moralisierung. Insbesondere Kinder in der Pubertät mögen das gar nicht. Die essenzielle Instanz für

Werte und Moral ist das **Gewissen**. Alle Schüler, die ich kennenlernen durfte, waren diesbezüglich im „grünen Bereich", erreichbar in Vieraugen-Gesprächen und mit Appellen an ihre Vernunft. Letztendlich werden Moral und Werte am Vorbild und in der Gemeinschaft (Familie, Schule) entwickelt, ganz automatisch, über das Funken der Spiegelneuronen. (Die Funktionsweise der Spiegelneuronen wird auf S. 92 erläutert.)

Aber irgendwie „ticken" unsere Kinder heute anders als wir. Wir, meine Frau und ich, die wir über 50 Jahre alt sind, waren noch die Generation „Gandhi, Martin Luther King"…, Gleichgesinnte für Gerechtigkeit und Zivilcourage, Anhänger von friedlichem Widerstand. Aufgewachsen kurz nach der Generation der 68er, ausgestattet mit einem rebellischen Geist. Manchmal glaube ich fast wir sind rebellischer und frecher als unsere Kinder.

Eines Tages kamen meine Frau und ich begeistert aus dem Kino. Wir sahen „Die fetten Jahre sind vorbei". Ein Film, der hervorragend zu unserer Gesinnung passte: Studenten in Berlin bekämpfen das Establishment, die „großkopfigen" Kapitalisten. Das Ganze illegal, aber mit friedlichen Mitteln. Sie observierten entsprechende Villen, drangen dort ein, stecken den Schmuck in den Kühlschrank, zerrten die Sofas zum Swimming-Pool und so weiter. Nichts wurde geklaut, es gab nur eine Parole an der Wand: „Die fetten Jahre sind vorbei." Eine Botschaft, welche die Reichen verunsichern sollte. Auf dem Heimweg dachten wir an die Einstellung unserer Kinder. Nun gut, dass sie nicht so gestrickt waren wie die Berliner Studenten, das passte uns schon. Aber dass man Werte entwickelte wie eine schöne Wohnung und eventuell ein eigenes Auto, da dachten wir: „Wer ist hier eigentlich spießiger?" Zuhause dauerte es gar nicht lange bis der Vorwurf bei den Kindern landete: Wir erzählten von dem Film, wie mutig die Studenten seien, wie sympathisch wir das fänden und wir behaupteten: „Wisst ihr was, wir haben den Eindruck ihr seid spießiger als wir!" – Unser Sohn meinte nur: „Also Papa, zwei Lehrer, Beamte, Doppelhaushälfte, zwei Kinder, VW-Passat, Garten und Hund, wer ist hier spießig?"

21 Eltern, welche die Bedeutung von Selbstwertgefühl als Bildungsziel sehen

Selbstwertgefühl ist für mich das wichtigste Ziel von Bildung und Erziehung. Darunter verstehe ich ein positives Selbstverständnis. Eine 16-jährige Schülerin von mir brachte es auf eine einfache Formel: „Ich kann was, ich bin wer. Und jetzt gehe ich das Leben an." Und genau das müssen Kinder und Jugendliche spüren: Ich habe Stärken und Schwächen, aber mit denen kann ich leben. Ich bin okay, so wie ich bin. Ich kann etwas und das, was ich tue, macht Sinn. Es hat Bedeutung. Und ich bin anderen (als Person) wichtig. Ich fühle mich geliebt und verstanden. Und dieses Land bietet mir Chancen. Die kann ich nutzen. Wenn ich mich anstrenge, kann ich viel (alles) schaffen. Ich mach` mein Ding.

In der Realität scheint es mir miserabel um unser Selbstwertgefühl bestellt. Fehlendes Selbstwertgefühl, wohin man schaut: all dieser narzisstische Körperkult, dieser Jugendwahn, Schönheitsoperationen, Amokläufe. Ich bin der Meinung, dass so mancher Amokläufer nicht tötete, weil er Ballerspiele spielte. Das tun viele. Auch nicht, weil sie Waffen-Narren waren. Sieht man es von der Seite der Psychologie, so sind viele offensichtlich verlorene Seelen, derer Taten insbesondere durch mangelndes Selbstwertgefühl bedingt waren; sicherlich auch durch fehlende gute Freunde.

Und ich fürchte, all die U-Bahn-Schläger leiden auch darunter. Man kann diese Taten natürlich nicht akzeptieren, man muss die Opfer sehen. Aber das hat mit unserer Gesellschaft, mit unseren Schulen und auch mit unseren Familien zu tun, natürlich. Und unsere Gesellschaft ist so gestrickt, dass wir diese verlorenen Seelen produzieren, das ist der „Ausschuss" unseres Leistungs- und Wohlstands-Hypes – selbstgemacht.

Dazu kommt: Wir Deutsche sind Weltmeister im Leben von Konventionen, im Aufstellen von Regeln. Bei uns ist alles geregelt, genormt. Und wenn jemand aus der Bahn läuft, kommen die Moralisten, die Juristen, die „Klugscheißer" aus dem Gebüsch und fordern Grenzen, Strafen, Sanktionen.

Bildung von Selbstwertgefühl ist für mich ein wichtiges Bildungsziel von Schule. Es ist daher besonders wichtig, Kinder in Gemeinschaft einzubinden. Jeder muss vermittelt bekommen, dass er wichtig ist und akzeptiert wird und dass es Aufgaben gibt, an denen er wachsen kann. Es geht darum, Begeisterung zu wecken. Stattdessen liegt der Fokus auf Noten, Wettbewerb und einer fragwürdigen Leistungsmessung. Es gibt Jubel bei guten Noten, andernfalls auch tiefen Frust, Selbstzweifel und Angst. Glücklicherweise sehen sich die meisten Lehrerinnen nicht als Vollzugsbeamte einer Leistungsgesellschaft. Viele sind „Gutmenschen", ausgestattet mit einer kindorientierten Haltung. Es gibt meinem beruflichen Leben Sinn, bei Fortbildungen immer wieder eine humane Schule einzufordern.

Die Hardliner sagen dann gern: „Unsere Gesellschaft ist halt so, das war schon immer so.“ – „Da muss man durch.“ – „Wir haben es auch geschafft.“ Dann kämpfen sie wie Löwen, als Curling-Eltern oder Kampfhubschrauber, mit Sponsoring und Druck, dass ihre Kinder bei all dem oben schwimmen.

Bildung von Selbstwertgefühl, das ist die zentrale Aufgabe in der Familie. Für von Selbstzweifeln und Ängsten geplagte Eltern ist es folglich besonders schwer, ihren Kindern ein positives Selbstwertgefühl zu vermitteln. Noch schlimmer ist es aber für die Erfolgsverwöhnten, für die es selbstverständlich ist, in der gesellschaftlichen Hierarchie oben zu stehen. Für sie ist klar, was Erfolg bringt: Anstrengung, Disziplin, Lernen, Nachhilfe, Abitur, Studium, Geld, Wohlstand. Nur führt dieses Schema in die Irre. Erstens geht es gar nicht um Erfolg, sondern darum, wie das Leben gelingt. Und zweitens funktionieren Kinder nicht so, erst recht nicht Jugendliche. Man kann seine Kinder schon über das Prinzip der Anstrengung und dieses Erfolgsdenken lenken, nur was kommt dabei raus? Es geht meiner Meinung nach umgekehrt: Unten steht eine **glückliche Kindheit**, die Entfaltung dessen, was auf den diversen Intelligenzebenen in den Kindern steckt. Welche Schule man besucht, um diese Fähigkeiten zu entfalten, ist übrigens völlig egal. Das Problem ist ein Problem in den Köpfen der Eltern und derer, welche Kinder nach ihrem Schulbesuch und ihren Noten bewerten.

Grundsätzlich muss man zwischen Selbstbewusstsein, Selbstwertgefühl und Selbstbild unterscheiden. Für mich ist Selbstbild die Summe aus Selbstbewusstsein und Selbstwertgefühl. Selbstbewusstsein entsteht durch Erfolgserlebnisse im Beruf oder im Ausüben von Hobbys. Selbstwertgefühl wird in gelingenden Beziehungen generiert. Nach der Maslowschen Pyramide (siehe Seite 113), ist Selbstwertgefühl das Ergebnis eines Entwicklungsprozesses. Menschen gelangen zu Selbstwert, wenn sie Verunsicherungen und Ängste überwinden und sich in ihrem sozialen Umfeld akzeptiert fühlen.

In Anlehnung an Gerald Hüther muss man zwei Aspekte berücksichtigen, die für die Bildung von Selbstwert bedeutsam sind: Das Gefühl, angenommen und sich geliebt zu fühlen (emotionale Bindung). Zum anderen geht es darum, dank Herausforderungen und positiver Erfahrungen, das Gefühl der Selbstwirksamkeit zu entwickeln. Es geht einher mit dem Empfinden, etwas zu können und erfolgreich zu sein.

Es ist immer das gleiche Strickmuster. Es geht um **sichere emotionale Bindungen und um gelingende Beziehungen.** Somit wird Selbstwertgefühl vor allem in der Familie generiert, in der Art und Weise, wie Eltern die Beziehung zu ihren Kindern gestalten.

Was Schule anbelangt, bin ich davon überzeugt, dass bis zum 16. Lebensjahr die **Beziehung zum Lehrer** beziehungsweise das positive Feedback, das man von Lehrern (eigentlich genügt einer!) erfährt, Grundlage von Selbstwert und auch von erfolgreichem, nachhaltigem Lernen ist. Leider sind sich viele Lehrer dessen nicht bewusst.

Ein weiterer Aspekt für die Entwicklung von Selbstwertgefühl sind die Zusammenhänge, die man in der Motivationsforschung mit dem Phänomen der **Kausalattribuierung** verbindet. Danach erklären sich selbstsichere, selbstbewusste Menschen Erfolg damit, dass sie gute Fähigkeiten besitzen und viel wissen, schlichtweg damit, dass sie gut sind. Misserfolg wird damit verbunden, dass die Aufgabe zu schwer war, Umstände ungünstig waren oder man einfach keinen guten Tag hatte. Ich denke, dass Menschen mit geringem Selbstwertgefühl dagegen Erfolge auf Zufall zurückführen oder Prüfungsaufgaben arg leicht waren, nach dem Motto: Das musste ja jeder schaffen. Misserfolge werden damit begründet, dass man halt wieder einmal versagt hat, dass man einfach nichts kann.

Der „Papst" der Positiven Psychologie, Martin Seligman, prangert an, dass man oft darauf fokussiert ist, Menschen zu fördern, indem man sie in Bereichen von -5 auf -2 bringt, statt sich darum zu bemühen, sie von +3 auf +7 zu hieven. Ich weiß nicht, ob dies eher eine amerikanische Haltung ist „Yes, you can" und glaube, dass wir Deutsche uns diesem Denken annähern sollten. Allein aus psychologischer Sicht sollte man dazu tendieren, Kinder nicht als defizitäre Wesen zu sehen. Sie sind lernwillig, kompetenter und sozialer als wir denken.

22 Liebevolle Eltern als Vorbilder: Fachfrau, Fachmann in Sachen Positiver Erziehung.

Von Erziehung halte ich nicht viel. Ich schließe mich da ganz der Haltung Jesper Juuls an, dass in Deutschland sehr viel Hype, vor allem unnötiger Aktionismus in der Erziehung von Kindern betrieben wird (siehe 11. Müssen deutsche Eltern so viel erziehen S. 45). Dies gilt für das Verhalten vieler Eltern und das moralisierende Belehrungsgehabe an so mancher Schule. Dies stürzt mich in meinem Lehrerleben in so manchen Konflikt. Die Selbstverständlichkeit, mit der man Regeln und Hausordnungen mit Sanktionen aufstellt, ist mir suspekt. Ich überlege dann immer, ob wir mit unseren eigenen Kindern auch so umgegangen sind. Gab es im Leben Vorgaben und haben wir je nach Verhalten mit Lob und Anerkennung oder Strafen reagiert? Das war nicht so.

Interessant ist Jesper Juuls Haltung zu Kindern und ihrem Bedarf an Erziehung: Auf der Homepage seiner Organisation familylab schreibt Elisabeth C. Gründler in dem Beitrag „Das kompetente Kind: Grundprinzipien der Pädagogik“ über Jesper Juuls Bild von Kindern:

„Juul geht davon aus, dass das Kind von Geburt an sozial und emotional ebenso kompetent ist wie ein Erwachsener. Diese Kompetenz, die sich entsprechend der kindlichen Reife äußert, muss ihm nicht erst durch Erziehung, d.h. durch die Eltern oder durch Institutionen, beigebracht werden. Traditionelle Erziehung, so Juul, benutzt überwiegend verbale Strategien. Damit wird ignoriert, dass Kinder Verhalten durch Imitation lernen. Kinder müssen beobachten und experimentieren dürfen, dann fügen sie sich durch Nachahmung in die Kultur ein. So kooperieren Kinder. Ein ständiger Strom von Ermahnungen und Erklärungen bewirkt, dass das Kind sich dumm fühlt oder falsch. Auch wenn der Umgangston eher freundlich und verständnisvoll ist, wird dennoch die Botschaft gesendet: "Du bist nicht gut genug". Damit wird dem Selbstbild und der Selbstachtung des Kindes großer Schaden zugefügt. Ein Kind kann sich dagegen nicht wehren.“

Erziehung durch Loben und Bestrafen:

Alle Erzieher werden zustimmen, dass Loben ungemein wichtig ist und, wenn es sein muss, Kinder auch zu bestrafen sind, wenn sie ein Fehlverhalten zeigen und einen Denkzettel brauchen. Ich muss zugeben, dass ich mich regelmäßig unbeliebt mache, wenn ich bei entsprechenden Diskussionen die Position von Jesper Juul vertrete. Ich bin der Meinung, dass man mit Loben nicht zu inflationär umgehen sollte und Strafmaßnahmen hinterfrage ich oft nach ihrem Sinn. Entsprechende Disziplinmaßnahmen an meiner Schule hinterlassen bei mir oft Kopfschütteln. Daher gebe ich folgende Argumentation von Jesper Juul zu bedenken (in „Zeit-Magazin" vom 22. September 2001, Seite 20)

„Bestrafen: Oft glauben Eltern, Strafen erteilen zu müssen, weil sie sich nicht anders zu helfen wissen. Man sollte sich klarmachen, was man erreichen möchte. Soll das Kind lernen, einen selbst, die Grenzen, die Richtlinien der Familie und ihre Werte zu respektieren? Nur dann wird es die Fähigkeiten erlangen, mit anderen Menschen auf respektvolle Art und Weise umzugehen. Oder soll das Kind Angst vor Bestrafung haben? Dann wird es lernen, diejenigen zu fürchten, die mehr Macht als es selbst haben. Beides zusammen geht nicht.

Ich bin gegen die Bestrafung von Kindern – egal, welchen Alters – weil ich gegenseitigen Respekt bevorzuge, aber vor allem, weil ich nicht will, dass Eltern das Verhältnis zu ihren Kindern beschädigen.

Loben: Kinder für manche Leistungen zu loben ist völlig in Ordnung. Es macht sie glücklich, was vor allem bedeutet, dass Endorphine in ihrem Gehirn ausgeschüttet werden und ihnen kurzeitig ein Wohlgefühl geben. Ich würde davon abraten, Kinder für etwas zu loben, das ganz normal ist. Vor allem soll man ein Lob aber nicht als Instrument missbrauchen, um das Verhalten eines Kindes zu konditionieren und zu kontrollieren. Denn das verhindert, dass es Selbstgefühl entwickelt. Stattdessen sollte man dem Kind ein persönliches Feedback geben. Etwa: „Es macht mich froh, wenn ich sehe, wie du es schaffst, mit anderen Kindern zu zanken, ohne sie zu hauen." Oder: „Ich freu mich, dass deine Bilder immer schöner und besser werden." Aber auch: „Hör damit auf, das macht mich wütend!" Wenn man das beachtet, wird ein Lob einfach das Selbstbewusstsein steigern. Wir alle brauchen das manchmal. Loben ist aber kein Weg, die Selbstachtung des Kindes zu steigern oder ihm Liebe zu vermitteln."

Müssen Eltern streng sein?

Im Nachhinein betrachtet galten meine Frau und ich als strenge Eltern. Das behaupteten Freunde. Lag das vielleicht daran, dass unsere Kinder in Lokalen nicht über Tisch und Bänke sprangen und wir Vorstellungen durchsetzten, was für Kinder gut ist? Dass sie eben nachts nicht endlos Filme anschauen durften, wenn wir mit Freunden zusammen sein wollten und wir nicht so schnell einknickten, wenn es darum ging, diese Vorstellungen durchzusetzen? Unsere Kinder akzeptierten das. Allgemein stellte ich fest, dass Kinder die Maßnahmen ihrer Eltern vielleicht nicht immer gutheißen, aber doch letztlich annehmen. Kinder brauchen Führung, Schutz und Orientierung. Unsere Kinder waren wirklich kooperativ. Ich bin der festen Überzeugung, dass es in Familie, wie auch im Lehrerleben, um die Beziehung geht.

Wenn sich Kinder daneben benehmen

Jesper Juul kritisiert den Umgang vieler Eltern und Lehrer **mit auffälligem Verhalten von Kindern:**

Jedes auffällige Verhalten von Kindern und Jugendlichen, so Juul, kann man auf zwei Ursachen zurückführen: Entweder haben Erwachsene die kindliche Integrität verletzt oder die Kinder haben überkooperiert. Eltern und Experten konzentrieren sich regelmäßig auf das unangepasste Verhalten. Juul plädiert dafür, Kindern auf eine andere Art und Weise zu begegnen. Sein Konzept ist, herauszufinden, wer das Kind ist und nicht zu erklären, warum es sich so verhält. Dieses Vorgehen hält Juul für den einzigen Weg, eine tragfähige Beziehung zum Kind herzustellen. Juul hält es für unproduktiv und unethisch, Verhalten zu klassifizieren, nach Symptomen zu ordnen und Syndrome und Störungen zu diagnostizieren in der Annahme, dass bei exakter Diagnose eine Methode zur Behandlung abweichenden Verhaltens entwickelt werden kann. Auf diese Art und Weise würden nicht Menschen, sondern Symptome behandelt. Juul stellt nicht in Abrede, dass Kinder Symptome oder symptomatisches Verhalten zeigen. Er bestreitet auch nicht das Recht der Erwachsenen, Kinder an unsozialem Verhalten zu hindern. Doch er hält die Konzentration auf kindliche Defizite und Störungen für langfristig destruktiv.“

(entnommen von www.familylab.de: Das Familienhandbuch des Staatsinstituts für Frühpädagogik (IFP): Das kompetente Kind – Grundprinzipien der Pädagogik von Jesper Juul)

Erziehung ist eine Sache der Intuition, eines natürlichen Bauchgefühls

Professor Peter Paulig ist an meinem Wohnort Ingolstadt der Pädagogik-„Papst". Er hat unter anderem eine pädagogische Akademie mit einer Elternschule gegründet, an der ich seit Jahren als Referent tätig sein darf. Professor Paulig ist unsere Leitfigur in der Einrichtung. Ich freue mich immer auf unsere Treffen, in denen wir diskutieren. Ich genieße den Austausch sehr und sein menschliches Wesen, seine offene, empathische Art, seine Neugierde, sein großes Wissen, seine Begeisterungsfähigkeit. Er motivierte mich ein Buch zu schreiben. Wir sind beide große Anhänger der Vision einer humaneren Schule, welche unseren Kindern eher gerecht wird.

Im August 2009 hat Paulig sein „Kinderversteherbuch" veröffentlicht. Es ist ein Lehrwerk für Eltern. Er fordert sie darin zu einem verantwortungsvollen Umgang mit ihren Kindern auf. Er beklagt, dass Eltern zu wenig über Erziehung wissen. Ich kann fast alles davon unterschreiben: Eltern sind keine Kumpel ihrer Kinder, sie sollten sich immer bewusst sein, dass sie ihren Kindern Vorbild sind. Vater und Mutter sollten in der Erziehung an einem Strang ziehen und ihre Kinder brauchen Regeln, Revier, Rituale und so weiter. Alles, was Paulig über Rechte der Kinder und ihre Bedürfnisse aufführt, ist bedeutsam und sollte von Eltern bedacht werden.

In einem wesentlichen Punkt bin ich aber einer anderen Ansicht. Paulig lehnt es vehement ab, in der Erziehung der Kinder seinem Bauchgefühl zu vertrauen und meint, Gefühle seien in der Erziehung ein schlechter Ratgeber. Er führt in Anlehnung an Eugen Roth aus, dass Gefühle unseren Verstand beherrschen und daher steht er ihnen sehr skeptisch gegenüber. Er vertraut weder dem Bauchgefühl noch Emotionen in der Erziehung. Andererseits bestätigt er, dass man emotionale Intelligenz, Empathie lernen kann.

Meine Meinung ist, dass Erziehung vor allem mit Gefühlen zu tun hat. Es ist gerade das Problem vieler Eltern, dass sie entweder zu „verkopft" an die Sache herangehen oder sehr emotional, mitunter sehr verunsichert und verängstigt sind. Ich meine, viele sollten ihrem natürliches Bauchgefühl und ihrem gesunden Menschenverstand vertrauen. Fast alles, was im Zusammenleben mit den Kindern wertvoll und bedeutsam ist, ist zutiefst mit Gefühlen verbunden ist: eine liebevolle Beziehung, gegenseitiges Vertrauen, gemeinsame Erlebnisse in der Familie, Spielen, Humor, Lachen, gemeinsames Trauern, Streit, Konflikte, das Überwinden von Krisen. Eltern müssen eben lernen, mit ihren Gefühlen umzugehen im Wissen, welche Auswirkungen das für ihre Kinder haben kann, wie schädlich zum Beispiel überzogene Angst ist.

Aussagen der Positiven Psychologie zu einer „Positiven Erziehung“

In dem Zusammenhang sind die Ausführungen von Martin Seligman, dem Mitbegründer der Positiven Psychologie, aus seinem Buch „Warum Optimisten länger leben“ spannend. In dem Kapitel „Kinder erziehen“ geht er auf die Bedeutung positiver Emotionen ein und gibt wertvolle Tipps für ein Leben mit Kindern. Seligman meint, positive Emotionen seien wie eine Leuchtschrift, die eine Gewinn-Situation für das Kind und auch für die Eltern anzeigt.

(Martin Seligman: Der Glücks-Faktor – Warum Optimisten länger leben, Bastei Lübbe Taschenbücher und Ehrenwirth Verlag, 2005, S. 331).

Mit drei Erziehungsprinzipien beschreibt er den Wert positiver Emotionen:

1) Positive Emotionen stärken die geistigen, sozialen und körperlichen Ressourcen der Kinder, sie sind gewissermaßen „Bankkonten“, von denen Kinder in späteren Jahren etwas abheben können. Seligman betont ebenfalls die Bedeutung der frühkindlichen Bindung an die Eltern.

2) Seligman beschreibt eine Aufwärtsspirale positiver Emotionen: „Menschen, die positive Emotionen spüren, werden in eine andere Art des Denkens versetzt. Ihr Denken wird kreativ und großzügig, ihr Verhalten wird unternehmungslustig und exploratorisch. Dieses erweiterte Repertoire ermöglicht das erfolgreiche Meistern von Herausforderungen, was wiederum mehr positive Emotionen erzeugt, die Aus- und Aufbau im Denken und Verhalten fördern, und so weiter.“ (S. 333) So beschreibt er am Beispiel seiner älteren Tochter eine derartige Spirale nach oben. Diese wurde in die Betreuung der neugeborenen Schwester als „wichtige Krankenschwester und Helferin“ integriert. Durch diese verantwortungsvolle Position fühlte sie sich wichtig genommen, weil man ihr etwas zutraute, und es wurde ihr Gefühl gestärkt, geborgen und unersetzbar zu sein, eine bewusste Maßnahme der Familie Seligman zur Vorbeugung vor leidvollen Geschwisterrivalität. Mit Interesse stellte Seligman fest, „dass sich nicht nur die Stimmung der älteren Tochter dadurch aufhellte, auch ihr Gefühl des Könnens drang nach außen durch. Ihre Schularbeiten verbesserten

sich deutlich, und ganz überraschend entwickelte sie eine gute Rückhand im Tennis“ (S. 353).

Andererseits beobachten kognitive Psychotherapeuten eine „Abwärtsspirale“ der negativen Emotionen bei ihren depressiven Patienten.

3) Seligmans drittes Erziehungsprinzip lautet, „die positiven Emotionen eines Kindes“ genauso ernst zu nehmen wie die negativen. Zusammenfassend stellt er fest:

„Die erfreulichste unserer Aufgaben als Eltern ist, positive Emotionen und Eigenschaften in unseren Kindern aufzubauen – statt einfach nur die Kinder von negativen Emotionen zu befreien und negative Eigenschaften auszulöschen.“

Leitideen für gelingende Erziehung

Im Grunde ist Erziehung eine ganz einfache Sache, die Pestalozzi auf eine Formel brachte:

„Erziehung ist Liebe und Vorbild, sonst nichts.“

Einige werden sich an dem „sonst nichts“ stoßen, insbesondere diejenigen, welche bewusst förderliche Erziehungsmaßnahmen anwenden und von ihrer Wirksamkeit überzeugt sind. Das gilt insbesondere für Erzieherinnen, die bewusst loben oder an Strenge glauben.

Ein wichtiger Leitgedanke ist: **„Jedes Kind braucht etwas anderes.“**

Man kann bei seinen Bemühungen um Gerechtigkeit Kinder nicht gleich behandeln. Ich denke, gerade das ist ungerecht. Manche brauchen viel Zuwendung, mehr Ermunterung, andere mehr Struktur, viel Kontrolle und auch einmal eine klare Ansage. Andere wiederum streben sehr nach Autonomie. Da ist es gut, rechtzeitig loszulassen und ihre Freiheitsbestrebungen achtsam zu verfolgen. Manche brauchen viel Förderung, andere entwickeln sich ganz aus sich selbst heraus.

Jahrzehnte stritt man über Erziehungsstile. Heute ist man sich in wesentlichen Punkten einig. Kinder brauchen Eltern, die ihnen **Freiheiten in Grenzen** gewähren. Der Münchner Professor Klaus Schneewind bringt es auf den Punkt. Was nicht geht, sind Freiheiten ohne Grenzen und Grenzen ohne Freiheiten. Das klingt ganz logisch. Erziehungswissenschaftler bezeichnen dies als **autoritativen Stil**. Darunter versteht man ein hohes

Maß an Zuwendung, um nicht zu sagen Liebe, einhergehend mit einem hohen Maß an Führung.

(Literatur: Klaus Schneewind, Beate Böhmert: Kinder im Grundschulalter kompetent erziehen, Verlag Hans Huber, 2008)

Somit macht auch bei der Erziehung „die Dosis das Gift" und die Wahrheit liegt, wie so oft, in der Mitte. Einerseits bedeutet Freiheit in Grenzen, Kindern Vertrauen zu schenken. Sie mit einer gewissen Gelassenheit eigene Erfahrungen machen zu lassen, indem man sie loslässt, damit sie Erfolgserlebnisse ernten und letztlich an Herausforderungen wachsen. Es bedeutet auf der anderen Seite seine Kinder mit einer gehörigen Portion Achtsamkeit im Auge behalten und bei Fehlverhalten auch einmal „ Kante" zu zeigen. Da muss man klar machen, was geht und was nicht. Dabei ist es immer gut, aus seiner Sichtweise zu argumentieren, zum Beispiel zu sagen, wann man sich Sorgen macht.

Friedhelm Schulz von Thun spricht in diesem Zusammenhang von dialektischen **Schwester- bzw. Regenbogentugenden**, die man in einer Balance halten muss. Ich denke, das ist ein wichtiger, interessanter Aspekt. Übertreibt man eine Seite führt das zu fragwürdigem Verhalten. Von Thun bezeichnet dies als §übertriebene Entwertung".

(Quelle: Psychologie Heute, Nr. 2/2012, S. 60: Wertequadrate nach Friedhelm Schulz)

Das sieht man sehr gut an den früheren Erziehungsstilen. Ein Laisser-Faire Stil (zu viel Freiheit) führte zu Chaos und Orientierungslosigkeit. Ein überzogen autoritärer Erziehungsstil (überzogene Kontrolle und Grenzsetzung) hat Angst, Rebellion und Unselbständigkeit zur Folge. Beides ist nicht gesund. Einige Beispiele für Regenbogentugenden in der Erziehung seien aufgezählt:

respektvoller, wertschätzender Umgang auf der einen Seite, andererseits eine direktive, konfrontative Haltung

Empathie einerseits, Standfestigkeit, Abgrenzung andererseits

Bedürfnisse der Kinder achten – eigene Bedürfnisse artikulieren und geachtet wissen, d.h. einerseits Hingabe, andererseits Selbstbehauptung, Selbstfürsorglichkeit

Kooperieren, andererseits die eigene Integrität wahren

Eigenwilligkeit, Standfestigkeit versus Konsilianz

Bindung versus Freiheit

Sparsamkeit einerseits, Großzügigkeit andererseits

An einem Beispiel sei Von Thuns Wertequadrat veranschaulicht:

Ordentlichkeit Flexibilität

übertriebene einseitige

Entwertung führt zu …

Pedanterie Chaos

Er-ziehung beruht immer auf Be-ziehung. Dabei macht auch in der Erziehung der „Ton die Musik". Im Kern geht es darum, wie die Beziehung zu Kindern gelingt. Kinder brauchen liebevolle Zuwendung, einen fruchtbarer Dialog mit den Eltern, ganz viel Lachen und Humor, einfach ein freudvolles **Leben**. Womit wir wieder beim Ausgangspunkt wären:

„Erziehung ist vor allem Liebe und Vorbild." (Pestalozzi)

Ich möchte hinzufügen, dass gelingende Beziehung insbesondere auch auf gelingender Kommunikation beruht.

Die Weisheit Pestalozzis reduziert die Problematik auf die Tatsache, dass sich Kinder gebunden und geliebt fühlen müssen und sie über Nachahmung lernen. Vater und Mutter sind Vorbild in allem und sie müssen gar nicht so viel tun. Dafür sorgt das **Phänomen der Spiegelneuronen**. Was steckt dahinter?

In einem Vortrag hat Professor Gerald Hüther dies anhand einer Geschichte veranschaulicht: Es ist ein typisches Merkmal eines jungen Mannes, dass er sehr heftig mit dem rechten Arm schlenkert. Das ist, wie man ihm nachsagt, auch nicht weiter erstaunlich, ist der Vater doch ebenso aktiv mit dem rechten Arm. Er hat sich das einfach abgeschaut. Der Vater hatte diese übertriebene Bewegung des rechten Armes wiederum von seinem Vater übernommen. Der hatte im Zweiten Weltkrieg den linken Arm verloren und musste in der Folge alles mit dem rechten Arm erledigen.

Mich wundert es nicht, wenn mich Menschen ansprechen, weil mein Sohn einen ähnlichen Gang hat wie ich. Das kann man über die Spiegelneuronen erklären. Sie sorgen dafür, dass wir gewissermaßen automatisch Dinge durch Nachahmung lernen und übernehmen. Das Interessante an der Sache ist insbesondere, dass dies nicht nur für körperliche Gegebenheiten gilt, sondern auch für Gemütszustände, für Einstellungen und Haltungen. Ich bin nicht erstaunt, warum gewisse Schüler arg ruhig sind, andere sehr temperamentvoll. Das ist offensichtlich, wenn man Kontakt zu den Eltern hatte. Und bei Diskussionen mit Schülern höre ich sehr wohl heraus, was Zuhause gesprochen wird.

Spiegelneuronen sind Nervenzellen im Gehirn, die beim Betrachten von Vorgängen das gleiche Aktivitätsmuster entstehen lassen. Das Interessante ist, das geschieht unbewusst.

23 Eltern, die ihre Kinder nachhaltig fördern

Ich habe eingangs begründet, warum der Förder-Hype nicht gesund für Kinder ist. Wie kann man Kinder tatsächlich in ihrer Entwicklung fördern? Der erste und wohl wichtigste Punkt ist vom ersten Tag an die **enge emotionale Bindung** an das Kind. Kinder müssen sich geborgen und geliebt fühlen, um eigene Schritte in der Welt zu machen. Eltern müssen entsprechend da sein, sich Zeit nehmen, sich kümmern, die Kinder pflegen und ihre Bedürfnisse befriedigen. Mütter und Väter lernen diese zu verstehen. Je empathischer die Bezugspersonen des Kindes sind, desto förderlicher ist das für die Entwicklung des Kindes, wie Studien von Remo Largo belegen. Danach gilt das Prinzip der „langen Leine". Sobald die Kinder sich auf Entdeckungsreise begeben, ist es gut, sie aus dem Hintergrund zu verfolgen. Kinder suchen sich Herausforderungen und wollen Erfahrungen sammeln. Sie brauchen Freiheiten (in Grenzen). Ein dritter Punkt ist die förderliche Entwicklung durch Spielen, **Spielen** möglichst mit natürlichen Gegenständen, möglichst in der Natur und sobald es die Entwicklung des Kindes zulässt, mit anderen. Es gibt nichts Förderlicheres als eine Kindheit mit viel „Bullerbü im Leben" (siehe dazu auch S. 157f.)

Dazu gehört der kreative Umgang mit Langeweile, um zu lernen, Zeit für sich zu nutzen und eigene Ideen zu entwickeln. Ständiges Bespaßen und Beschäftigen von Kindern fördert sie nicht. Gerade das tun aber manche

Eltern heute. Wenn die Kinder größer werden, wird das **Vorbild der Eltern** zu einem wichtigen Faktor. Kinder lernen Haltungen, Humor, Optimismus und so vieles durch Nachahmung über die Spiegelneuronen. Später können **förderliche Maßnahmen** erfolgen: Das leidenschaftliche Ausüben von Hobbys, Musik, Kunst, Tanz. Kinder können von ihren Eltern so vieles lernen: Laufen, Sprechen, Radfahren, Schwimmen. Sie brauchen nicht so viele Kurse, Tennis-Trainerstunden und Nachhilfeunterricht. Ich bezweifle den Wert all dieser Maßnahmen. Das wichtigste sind **Erfolgserlebnisse**. Kinder sollen das mit **Begeisterung** betreiben können, was in ihnen angelegt ist. Eltern müssen sich auf eine Entdeckungsreise nach den Stärken ihrer Kinder begeben. Diese gilt es zu fördern. Das generiert ein **gesundes Selbstwertgefühl**. Das gelingt durch die Anerkennung für Anstrengungen, ebenso wie das Loben von Leistungen. Dazu gehört auch, dass Kinder lernen müssen, Niederlagen zu verkraften und mit Schwächen zu leben. Kinder müssen erfahren: „Manches können andere einfach besser, das ist halt so. Dafür bin ich gut in….".

In dem Zusammenhang seien Ziele einer kindgerechten Förderung laut Remo Largo formuliert:

1 Das Kind kann seine Stärken entwickeln.
2 Es lernt seine Schwächen zu akzeptieren und damit umzugehen.
3 Es verfügt über Lernstrategien.
4 Es verfügt über ein gutes Grundwissen und gute Grundfähigkeiten.
5 Es kann sich an Vorbildern orientieren.
6 Es entwickelt ein gesundes Selbstwertgefühl.

„Das Kind darf nie den Eindruck haben: Ich bin defizient. Am wichtigsten sind Erfolgserlebnisse. Mit 20 muss ein junger Mensch daran glauben, dass er sich in dieser Gesellschaft durchsetzen kann."

(DVD Prof. Dr. med. Remo Largo: Kindern begegnen, Kinder wahrnehmen, 3. Öffentlicher pädagogischer Kongress, Köln, 25.-27. Mai 2006, Schönemetzer Filmproduktion 2006)

Neben all dem müssen Kinder vor allem lernen, mit anderen zu kooperieren, anderen zu helfen und sich für andere einzusetzen. Man muss lernen, ein guter Freund zu sein und sich um Schwächere zu kümmern. Kinder sollten nicht nur viel Wissen und Fertigkeiten erwerben, sondern auch **soziale Intelligenz**. Sie sollen sich zu Persönlichkeiten entwickeln, die gemeinschaftlich und humorvoll eingestellt sind, die optimistisch das Leben anpacken und das entwickeln, was in ihnen angelegt ist. Alle Kinder können etwas im Leben erreichen. Vieles ist nur eine Frage des Anspruchs, vor allem dem der Eltern und der damit einhergehenden Erwartungen und Werte. Kinder haben durchaus das Recht, eigene Neigungen zu leben. Das ist Grundlage von Glück. Eltern und die Kinder selbst müssen das entdecken, wofür sie „brennen", Dinge, in denen sie Experte werden.

Kinder wollen doch einfach nur spielen.

Wann sind wir kreativ? Hüther stellt fest: „**Am schöpferischsten sind wir** sonderbarerweise unter Bedingungen, die nach landläufiger Meinung überhaupt nicht geeignet sind, hirntechnische Hochleistungen zu erbringen: träumend oder noch schlafend, beim Spazierengehen oder unter der Dusche, offensichtlich dann, **wenn es uns gelingt, unser Gehirn ohne Druck und ohne gezielte Anstrengung zu benutzen."** – „Wenn wir uns selbst fragen, wann es uns im Lauf unseres Lebens am besten gelungen ist, „in einer gewissen seelischen Gleichgewichtslage, vom Ernst des Lebens gleichsam entrückt", in rein spielerischer Weise unser Gehirn zu benutzen, so werden sich viele an diesen **Zustand höchster Kreativität in der frühen Kindheit** erinnern. Die entscheidenden Grundlagen für spätere kreative Leistungen werden in der frühen Kindheit gelegt, **wenn Kinder sich in der Welt spielerisch erproben.**"

(DVD, Prof. Dr. med. Gerald Hüther: Was Kinder brauchen – Neue Erkenntnisse aus der Hirnforschung, Seminar in Zürich, Juli 2006, Auditorium Netzwerk 2006, jokers edition)

Kinder empfinden ein tiefes **Bedürfnis nach Spielen**.

Seligman beschreibt das kindliche Spiel: „Spiel ist per definitionem die Urform von Belohnungshandlungen. Spiel bedeutet in aller Regel, etwas zu meistern, und erzeugt „Flow" für Kinder jeden Alters." Seligman empfiehlt Eltern: „Geben Sie sich einfach Mühe, Ihr Kind (beim Spielen) nicht zu unterbrechen. Hetzen Sie ihr Kind nicht, während es sich entwickelt und wächst. Wenn es mit Ihnen sprechen will, lassen Sie es sprechen, bis es sich leer gesprochen hat. Wenn Kinder, gleich welchen Alters, in ihr Spiel versunken sind, platzen Sie nicht einfach dazwischen (Martin Seligman: Der Glücks-Faktor – Warum Optimisten länger leben, Bastei Lübbe Taschenbücher und Ehrenwirth Verlag, 2002, S. 341)".

Kinder fördern durch den Glauben an die natürliche, positive Entwicklung des Kindes

Den Teufelskreis der Naturdefizitstörung habe ich zuvor beschrieben. Danach schaden Kindern mangelndes Vertrauen in die natürliche Entwicklung von Kindern und zu geringe Lernerfahrungen im Umgang mit der Natur. Eltern sind gut beraten, diesen Teufelskreis zu durchbrechen. Kinder fördern heißt auch entsprechend des folgenden Schaubildes an eine natürliche, positive Entwicklung von Kindern zu glauben. Dazu gehört die Überzeugung, dass sich Kinder aus sich selbst heraus positiv entwickeln, wenn die erforderlichen Rahmenbedingungen stimmen. Eltern können darauf vertrauen, dass sie damit ihren Kindern den Weg ebnen. Wenn es ihnen gelingt, sie loszulassen, werden sie an Herausforderungen und Erfahrungen wachsen.

Zusammenfassend gesagt: Es geht nur mit Vertrauen in die Natur des Kindes und Gelassenheit:

- Glaube, dass Kinder sozial, kompetent und kooperativ sind und lernen.
- Glaube, dass Kinder sich aus sich heraus positiv entwickeln.

- Wissen, dass Kinder Sozialwesen sind, unser Gehirn ein Sozialorgan ist, und die Grundlagen der positiven Entwicklung Liebe, Bindung, Geborgenheit und liebevolle Beziehung sind.
- Erkenntnis, dass Kinder ständig lernen und zwar durch Nachahmung und es darum geht, ihnen positive Lern-Modelle zu garantieren. Konkret heißt das, ihnen das Leben von der positivsten Seite vorzuleben.
- Kinder lernen spielerisch durch Umgang mit den natürlichen Dingen der Umgebung.
- Wissen, dass es wichtig ist, Kinder loszulassen, damit sie (auch in der Natur) Erfahrungen autonom sammeln, an denen sie wachsen können.

Was Eltern ansonsten tun können, um ihre Kinder nachhaltig zu fördern: siehe konkrete TIPPS ab Seite 154.

24 Eltern mit Humor und Zuversicht

Ich sah sie in der TV-Sendung „Pelzig, hält sich", die beiden Erlanger Professoren Ralph Dawirs und Gunther Moll. Das Spannende war, sie reichten dem Kabarettisten in Sachen Humor das Wasser. In der Sendung stellten sie ihr Buch „Die 10 größten Erziehungsirrtümer" (Beltz Verlag, 2010) vor, in welchem sie Eltern wertvolle Erziehungsempfehlungen geben. Mir haben sie mit der ihnen eigenen Wesensart die Augen geöffnet, wie sehr Humor in der Erziehung und ganz allgemein im Leben bedeutsam ist. Sie haben absolut Recht. So habe ich es persönlich wirklich mit den Menschen am schwersten, die völlig humorlos sind. Bei ihnen habe ich kaum die Chance, eine Verbindung herzustellen.

„Humor ist der Schwimmgürtel auf den Wogen des Lebens …" ist einer der beliebtesten Sprüche in Poesiealben von Kindern. Ich denke, das ist eine sehr weise Erkenntnis. Die Erlanger Professoren Darwirs und Moll weisen in ihrem Buch auf die enorme Bedeutung von Humor hin. So ist Humor eine wichtiger Bestandteil der emotionalen Intelligenz, ein Kennzeichen sozialer Kompetenz, im Grunde ein Persönlichkeitsmerkmal. Und Humor ist ausgesprochen nützlich: Er macht nicht nur Spaß und erleichtert das Leben, er befreit und beflügelt auch das kreative Denken. Humor trägt einen regelrecht durch das Leben. Er hilft Konflikte zu bewältigen, lässt Misserfolge nicht so dramatisch erscheinen und macht somit robust und widerstandsfähig. Wir schaffen es leichter Ärger, Angst und Aggressionen zu überwinden, wenn wir ihnen mit Humor begegnen.

„Das Lachen und der Humor haben sich zu einer Art sozialem Klebstoff entwickelt, der die Solidarität innerhalb einer Gruppe stärkt und zugleich der Abgrenzung gegenüber anderen Gruppen dient" („Die 10 größten Erziehungsirrtümer", Beltz Verlag, 2010, S. 123). – „Menschen, die viel lachen, leiden weit weniger unter chronischen Schmerzen, Angst und Depressionen. Humorvolle Menschen schütten mehr Endorphine und weniger Stresshormone aus. Anders ausgedrückt, sie sind insgesamt cooler drauf, und von Unlust keine Spur." (S. 133).

Na, wenn das nicht überzeugt. Humor ist ein wesentlicher Glücksfaktor! In Anlehnung an den Arzt und Kabarettisten Eckardt von Hirschhausen bemühe ich daher regelmäßig den Spruch:

„Shit happens, mal bist du Denkmal, mal Taube."

Meine Schüler haben ihn verinnerlicht und ich denke, er wird ihnen so manchen tröstlichen Moment bereiten, in dem man reflektiert, wie groß oder eher klein das Drama doch ist, das einem bei Unglück widerfährt. Den menschlichen Schwächen in meiner Schule, dem Irrsinn so mancher Maßnahmen, begegne ich regelmäßig mit dem Spruch: „Das Ganze kann man nur kabarettistisch ertragen." Ich steigere mich nicht hinein. Ich versuche, zunächst einmal zu lachen. Das hilft mir, eine positivere Perspektive einzunehmen. Und alles Negative hat auch eine gute Seite. Dinge arg negativ zu sehen, Pessimismus, was bringt das?

Das Leben mit Kindern ist auf jeden Fall keine ernste Angelegenheit. Kinder lachen am Tag circa. 200 Mal, auch wenn viele versuchen, ihnen das Lachen zu vermiesen. Wie oft Erwachsene am Tag lachen? Sie werden lachen: 15 Mal. Ist das nicht schrecklich? Und angeblich lachen Erwachsene zunehmend weniger. Ich liege sicher über dem Schnitt. Ich lache mit meinen Schülern, aus gegebenem Anlass, ständig, oft und zuhause und mit Freunden, wann immer es möglich ist. Das macht das Leben leicht und ich kann ihnen nur empfehlen: Lachen sie mit ihren Kindern, haben sie miteinander Spaß und wenn mal wieder eine Fünf in Mathe ins Haus schneit, sagen sie: „Shit happens, warst du Taube oder Denkmal, mein Lieber?" Dann können sie immer noch in Ruhe besprechen, wie es in der Schule weitergehen soll. Das hilft ihren Kindern: Humor im Leben, das ist echte Förderung.

Ich habe mir zum Lebensmotto gemacht: **L M A A**: **L**ächle **m**ehr **a**ls **a**ndere!

Darwirs und Moll geben konkrete Tipps, wie Eltern mit Kindern lachen können. „Setzen Sie sich auf den Boden zu Ihren Kindern und lachen Sie. Bald werden alle lachen. Schenken Sie Ihrem Liebsten ein Lächeln, er wird es augenblicklich erwidern. Das funktioniert selbstverständlich und umgekehrt. (S.121). Babys flirten schon sehr früh mit Mama oder Papa. Das ist der Anfang der Humorentwicklung. Die Erlanger Professoren empfehlen weiterhin Kitzeln, Guckguck- und „Als ob"-Spiele oder einfach albern sein: „Laufen Sie mal auf allen vieren um Ihren acht Monate alten Säugling herum und bellen wie ein Hund. Er wird lachen und sich nicht mehr einkriegen." (S.128)

25 Eltern als Glückskekse im Leben ihrer Kinder

Weil Kinder durch Nachahmung lernen, ist es ebenso selbstverständlich, dass Mama und Papa ihren Kindern Glück vorleben müssen. Aber: „Was ist Glück?" und „Wie finden wir unser Glück?"

Die Autorin und Filmregisseurin Doris Dörrie beantwortete in einem Interview die Frage: „Die meisten Ihrer Romanfiguren träumen vom großen Glück. Was steht ihnen eigentlich am meisten im Weg, es zu finden?"

„Wahrscheinlich die Suche dazu. … Eigentlich sagt uns das die Intuition. Aber es fällt immer schwerer, nicht auf die unzähligen Glücksversprechen hereinzufallen, die uns von morgens bis abends suggerieren, dass wir glücklich werden könnten, wenn wir reicher und dünner, jünger und erfolgreicher wären. Wir glauben immer mehr, dass das Glück sich wie ein Konsumgut verhält, und wir es durch richtiges Verhalten zwingen können, das unsere zu sein. Die ständige Enttäuschung darüber, dass es nicht so ist, bringt uns nur dazu, es immer mehr zu versuchen, anstatt daraus zu lernen, das zu sein, was wir gerade sind. Mal lustig, mal traurig – mal gelassen. Nur: Gelassen und wunschlos im Hier und Jetzt zu sein, ist eben verdammt schwer. Wir leiden auch unter der Tyrannei der Möglichkeiten, als stünden wir im Kaufhaus und könnten nicht zwischen den verschiedenen Shampoos entscheiden."

Ich lachte spontan, als ich das Ende las, da ich die Folgen unserer verrückten Konsumwelt auf die Psyche der Menschen ohnehin gerne mit folgender Shampoo-Geschichte beschreibe:

***Sieben Meter Shampoo** trifft man mittlerweile an, wenn man in einen Drogeriemarkt geht. Sieben Meter Regal mit Shampoos unterschiedlicher Zusammensetzungen, für unterschiedliche Haare von 1,20 bis 14,30 Euro. Wie soll man sich da entscheiden? Welches soll man nehmen? Und man entscheidet sich für eines, das 4,30 Euro kostet in der Hoffnung, es passt. Man hat ein gutes Preis-Leistungsverhältnis erzielt. Dann verlässt man den Drogeriemarkt und es überkommen einen die Zweifel. Hätte ich nicht ein Billigeres nehmen sollen? Warum habe ich kein Besseres gekauft? Früher war das einfacher: Man ging in den Tante-Emma-Laden. Dort gab es drei Shampoos. Man nahm immer das „Mittlere". Das hat gepasst. Man machte sich keine Gedanken. Heute muss man in der Fülle des Angebots und der Möglichkeiten ständig Entscheidungen fällen. Macht dieses Riesenangebot glücklich?*

Antworten auf all diese Fragen finden wir bei der Wissenschaft vom Glück, der Positiven Psychologie. **Was ist Glück?**

Welche Faktoren beeinflussen unsere Glückseligkeit, d.h. was macht glücklich, was nicht?

In dem Buch „Glück – The World Book of Happiness", (Dumont-Verlag 2011) wird das Wissen von 100 Glückforschern zusammengetragen. Ich habe die wichtigsten Fakten zusammengefasst und mit Erkenntnissen einer Pro-Sieben-Sendung zum Thema Glück von 2011 ergänzt:

1. Beziehungsfaktoren sind entscheidend: Unsere Zufriedenheit mit Familie, Freunden und Nachbarn ist ein Kernkriterium für Glück.
   Freunde machen einfach glücklicher: Sie gehören zu einem erfüllten Leben. Studien belegen, dass Menschen mit weniger als fünf engen Freunden zu 26 Prozent sehr glücklich sind, bei mehr als fünf zu 38 Prozent.
   Selbstverständlich ist auch, dass Menschen, die in festen Partnerschaften leben, glücklicher sind: Liebe macht natürlich glücklich und Sex auch.
2. Größtes Glück ist gekoppelt an Zufriedenheit mit der persönlichen Gesundheit und Fitness. Gemäßigte körperliche Betätigung und der Genuss der freien Natur tragen zu unserem Glück wesentlich bei.

Bewegung hebt die Laune, sie wirkt zudem antidepressiv, Insbesondere gilt das fürs Joggen. Menschen, die Sport treiben, haben mehr Selbstvertrauen, weniger Angst, schlafen besser und haben ein größeres Wohlbefinden. Beim Sport werden mehr
(Glücks-) Hormone wie Serotonin und Endorphine ausgeschüttet.

3. Dass wir unsere Arbeit genießen, ist wichtiger als die Art und/oder Bedeutung der Arbeit. Plötzliche Arbeitslosigkeit führt zu einer dramatischen Abnahme des Lebensgefühls. Am meisten Flow erleben Menschen bei der Arbeit und beim Sport, am wenigsten beim Fernsehen! Eine Arbeit zu haben, in der wir unsere Fähigkeiten ausspielen können, gilt als besonderes Glück.
4. Je stärker wir kreativ an künstlerischen und kulturellen Aktivitäten teilnehmen (wie Konzerten, Kunstausstellungen, Museen, Theater oder Oper), desto glücklicher sind wir.
5. Existenzielle Faktoren wie Religion und religiöse Aktivitäten sind positiv mit Glück verbunden: Je stärker die Aktivität, desto größer das Glück.
6. Einige Aspekte der wirtschaftlichen Lage einer Person mehren das Glück – wenn auch nicht das eigentliche Einkommensniveau, sondern eher die subjektive Zufriedenheit, die dieses Einkommensniveau mit sich bringt.
7. Trotzdem gib es einige Glücksirrtümer:

Was wir glauben, was Glück bedeutet, aber eben nicht stimmt:
<u>Macht Geld glücklich?</u> Nicht besonders überraschend, dass Menschen ohne Geld nicht glücklich sind. Umso überraschender: Je wichtiger das Geldverdienen ist, desto niedriger ist das eigene Lebensglück. Demnach tappen besonders viele Reiche in die Glücksfalle: Viele vergleichen ihren Reichtum mit dem anderer. Wer hat die längst Yacht, Wer das dickste Auto? Und Neid macht unglücklich!
<u>Macht ein Lottogewinn glücklicher?</u> Eher nicht. Studien belegen, dass der Lottogewinn zu mehr Stress führen kann. Das Gewinnen selbst macht natürlich glücklich, im Moment. Binnen kürzester Zeit sind aber Lottogewinner auf dem gleichen emotionalen Glückslevel wie vor dem Gewinn.
<u>Sind schöne Menschen glücklicher?</u> Die Glücksforschung findet so gut wie keine Korrelation zwischen Attraktivität und Glück. Glück empfindet man, wenn etwas besser geworden ist. Es ist eine Frage des Unterschieds. Daher haben Menschen, die sich über ihre Schönheit definieren, natürlich größere

Probleme mit dem Alterungsprozess. Das nagt am Selbstwertgefühl und macht unglücklich. Schönheits-OPs führen zunächst zu einer größeren Zufriedenheit. Aufgrund der Gewöhnungseffekte relativiert sich dieses Glücksempfinden jedoch binnen kürzester Zeit.

Sechs Tipps für ein glückliches Leben:

1. Investiere in Beziehungen: Suche das Glück nicht in dir selbst, sondern in den Beziehungen zu anderen. Liebe und ehre die Menschen, die dir wichtig sind: deine Eltern, Lehrer, Familienmitglieder, Kollegen und Freunde.
2. Für dein Glück kannst du etwas tun: Lege dich auf Ziele fest, vermeide Grübelei, investiere in Beziehungen, lerne zu verzeihen, nutze deinen Körper, kümmere dich um deine Seele, handele freundlich, genieße die angenehmen Seiten des Lebens.
3. Setze dir klare Ziele; für dich selbst und für andere. Bei Hindernissen oder vermeintlichen Niederlagen: Scheue dich nicht auf dem Weg zu deinen Zielen innezuhalten und dein Ziel neu zu bewerten. Lerne, flexibel zu denken. Versuche eine wahrgenommene Niederlage in einen Erfolg umzudeuten.
4. Verbanne Neid, schaffe Platz für Ehrgeiz. Vergleiche dich nie mit anderen. Wenn du vergleichst, achte darauf, dass du aus dem Vergleich lernen kannst. Erfolg im Leben ist ein Marathon, kein Sprint.
5. Vergleiche dein Einkommen nicht mit dem von Kollegen oder anderen Menschen. Lege großen Wert auf Freiheit, Lebensqualität, Vertrauen und Beziehungen. Sie sind wichtiger für das Glück als Einkommen.
6. Gehe bedachtsam mit Zeit um, um deine Zufriedenheit in den Lebenssphären zu erhöhen, die am bedeutsamsten für deine Lebenszufriedenheit sind. Zeit ist unsere wertvollste Ressource: Gehe mit deinem Leben um, als ob es ein bedeutsames Kunstwerk wäre.

Der Wohlfühl-Index für Kinder und Jugendliche

Glück ist das Produkt unserer Lebenserfahrung in all ihren sozialen, seelischen und körperlichen Dimensionen. Nach Kenneth C. Land, Professor für Soziologie und Demografie an der Duke University (USA), sind die wichtigsten Indikatoren, die Kinder und Jugendliche glücklich machen:

1. Stabile, unterstützende soziale Beziehungen zu Familie und Freunden
2. Ein erfülltes, emotional stabiles Leben
3. Ein sicheres Lebensumfeld ohne Angst vor Verbrechen
4. Gute Gesundheit
5. Teilhabe an Gemeinschaftseinrichtungen wie Schulen
6. Erfolg, Ansehen und volle Ausnutzung der Chancen in diesen Einrichtungen
7. Guter Zugang zu materiellen Gütern und Dienstleistungen

(Quelle: Dumont: Glück – The World Book of Happiness S. 259)

26 Eltern, die ihren Kindern gesunde Abwehrmechanismen gegen Gegebenheiten der modernen Welt und Resilienz mit auf den Weg geben.

Ich denke, unsere Welt ist irgendwie krank und Eltern wie auch Kinder können Opfer der fragwürdigen Entwicklungen der modernen Zeit werden. Als Problemfelder sehe ich viele Bereiche an. Da ist **das Leben nach dem Lustprinzip**, die Versuchung, dem Hedonismus zu frönen. Die Verführungen in unserer materiellen **Konsum- und Wohlstandswelt** sind groß. Kaufen ist angesagt und „Geiz ist geil", wie es der Werbespruch suggeriert. „Haste was, bist was", könnte man meinen.

Und offensichtlich muss man **schön und jung sein oder sich zumindest jung fühlen**. Wir leben in einer Scheinwelt und vergessen, worauf es im Leben, im irdischen Sein ankommt. Erich Fromms Buch „Haben oder Sein" hat mir in diesen lebensphilosophischen Fragen die Augen geöffnet. Ich empfehle es zur Lektüre.

Besonders stark greifen die **Auswüchse unserer Medienwelt** in das Leben von Kindern und Erwachsenen ein: beängstigend, die Präsenz des Fernsehens in Wohnungen und Kinderzimmern. Es ist sehr fragwürdig, wie Kinder davor geparkt und ruhiggestellt werden. Später kommen die Zeiten vor dem PC, im Internet, auf Facepook und vor Computerspiele dazu. Und ständig hängen die Menschen an ihren Handys: Kommunikation scheint zur Sucht zu werden.

Hinzu kommt, dass es offensichtlich in unserer Leistungs- und Wettbewerbswelt darum geht zu funktionieren. So werden Schüler wie auch Mitarbeiter in Betrieben zu **opportunistischen Pluspunktesammlern und Ja-Sagern.** Wenn es zu viel wird, kommen Drogen ins Spiel: Sportler dopen, Manager schnupfen Kokain, Studenten und Kinder funktionieren besser dank Ritalin, der gemeine Bürger „fährt sich täglich mit Alkohol runter" und wenn man krank wird, greift man zu Medikamenten.

Wir Eltern haben die Wahl, bei all dem mitzumachen und es hängt viel davon ab, was wir unseren Kindern vorleben.

Letztlich kommt es darauf an, wie stark unsere Kinder sind, um diesen Gefahren zu begegnen. Unter meinen 15- und 16-jährigen Schülern ist es durchaus üblich, Alkohol zu konsumieren. Wir reden offen darüber und nach meiner Beobachtung trinken diejenigen am meisten, die die größten Probleme haben – mit sich, insbesondere mit ihrem Selbstvertrauen und Selbstwertgefühl. Ähnliches gilt für die PC-Sucht, dem ständigen Abhängen bei Facebook oder bei Ballerspielen im Internet. Es tut sich eine Schere auf: Die cleveren, stabilen jungen Menschen nutzen den PC und all die Möglichkeiten der modernen Kommunikationswelt auf geniale Art und Weise und sind dabei ungemein kompetent. Sie erhalten rasend schnell nötige Informationen und nutzen die Kommunikationsmöglichkeiten. So manch Schwacher wird zum Opfer, süchtig nach Dauer-Chatten oder PC-Spielen. Schule und Lernen werden dann bedeutungslos. (siehe hierzu auch TV-PC, alles zu seiner Zeit S. 160)

Lernen, nein zu sagen

Was mich beunruhigt ist die Tatsache, wie unkritisch viele junge Menschen sind. Mit einer Selbstverständlichkeit sondergleichen wird so vieles hingenommen, zu so vielem Ja gesagt.

Viele Kinder gehorchen offensichtlich über Gebühr. Ich würde mir auch in meinem beruflichen Umfeld wünschen, dass manche(r) auch einmal die eigenen Bedürfnisse sieht, nicht klein beigibt und es schafft, nein zu sagen. Es hat den Anschein, dass diese Eigenschaft wohl in jungen Jahren gelernt wird.

Offensichtlich fällt es Menschen schwerer, nein zu sagen, wenn sie in Kindheit und Jugend Sätze gehört haben wie „Nein, weil ich es sage", „Schweig, wenn Erwachsene reden", „Es wird gemacht, was ich sage" und später in der Pubertät den schönen Satz: „Solange du deine Füße unter meinen Tisch streckst, wird gemacht, was ich dir sage!" Das schreibt Ursula Nuber in der Zeitschrift „Psychologie heute" (11-2011 S. 22).

Kinder lernen, dass man weniger geliebt wird, wenn man trotzig nein sagt. Dieser Erwartung werden sie dann auch gerecht, weil sie Angst haben, dass bei Widerspruch die Beziehung leidet.

In einem Alter zwischen 18 Monaten und drei Jahren nehmen Kinder sich als eigene Person mit eigenem Willen wahr, den sie erproben. Es ist die Phase des „Will nicht!" Sie sagen „Meins" zu Spielzeug und „Haben will", wenn sie etwas unbedingt bekommen wollen und auch einfach „Nein". Entscheidend sei, schreibt Ursula Nuber, wie Eltern damit umgehen. Man sollte dem Kind die Sicherheit geben, dass es durchaus auch Nein sagen darf. Eltern müssen dann nicht verletzt reagieren, wütend oder mit Liebesentzug und das Verhalten des Kindes als trotzig oder schwierig interpretieren. Sie sollten hinnehmen, dass das Kind Grenzen setzt, aber ihm auch beibringen, die Grenzen anderer zu akzeptieren. Ansonsten besteht die Gefahr, dass das Kind für sein Leben gehandicapt ist. Es denkt, der eigene Wille sei etwas Schlechtes, es habe kein Recht auf eigene Meinung. Kindern, die nicht lernen, nein zu sagen, fällt es schwerer, eigene Bedürfnisse ebenso wichtig zu nehmen wie die anderer. Im Grunde verleugnen sie sich selbst. Ein Muster, das bis ins Erwachsenenalter mitgetragen wird.

Letztlich geht es darum, wie sehr wir die Macht über uns selbst haben, über unsere Bedürfnisse und Interessen, wie selbstbestimmt wir leben, oder wie sehr wir uns zum Punchingball von Fremdbestimmungen machen. Diskutiere ich darüber, muss ich mir immer wieder Totschlagargumente anhören wie „Da sitze ich am kürzeren Hebel", „Das ist halt so", und „Da kann man nichts machen." Zivilcourage, mal Klartext sprechen, das ist nicht unbedingt unser Ding.

Lernen wir es nicht, uns unserer Bedürfnisse bewusst zu sein und sie zu vertreten, einmal Nein zu sagen, müssen wir damit rechnen, dass sich dies auf uns und unsere Gesundheit auswirkt. Im schlimmsten Fall mit Depressionen und Burnout.

Die Schule und unsere Kinder

Es ist ein schwieriges Kapitel, die Schule und unsere Kinder. Ich habe ganz den Eindruck, dass oft alle Beteiligten darunter leiden: die Kinder, die Eltern und auch die Lehrer. Als Anwalt von Kindern, wie ich mich als Beratungslehrer und Mensch mit einem humanistischen Menschenbild definiere, habe ich zum System Schule und dessen Gegebenheiten eine kritische Haltung entwickelt. Ist die Schule nicht unter anderem der Ort der gesellschaftlichen Selektion und der Ort, wo Chancen in unserer Gesellschaft vergeben werden? Ich stehe dem, wie man immer wieder zwischen den Zeilen lesen kann, sehr kritisch gegenüber und frage mich, wie sehr Schule den Herzen und Gehirnen unserer Kinder gerecht wird. Aber Schule und nachhaltige Bildung kann kindorientiert sein, wie die Reformpädagogik, Montessori-, Waldorf- und viele andere Schulen beweisen. Es gibt mittlerweile so viel Wissen aus den Bereichen der Neurologie und Psychologie, wie Lernen, wie Schule gelingen kann. Ich kann mich nur wundern, warum angesichts dieser Erkenntnisse so wenig an der Basis passiert. Aber sie dringen in dem schwerfälligen System einfach nicht durch. Übrigens: Vergessen Sie diese vielzitierte PISA-Studie. Antworten auf wegweisende Entwicklungen finden Sie meiner Meinung nach in folgenden Büchern (meine Beurteilung in Klammern):

Sabine Czerny: Was wir unseren Kindern in der Schule antun *(Mutig, mutig, einfach „toll", die nackte Wahrheit, was an bayerischen Grundschulen Fakt ist)*

Remo Largo: Schülerjahre – ein Plädoyer für eine kindorientierte Schule *(Wegweisend, wenn man in der Schule ein Interesse hat, Schule von der kindlichen Entwicklung her zu denken)*

Professor Joachim Bauer: Lob der Schule *(Sehr hilfreich, weil nach den Erkenntnissen der Gehirnforschung Beziehung Grundlage von Lernen ist und der Schrei nach Disziplin eine Forderung von gestern)*

Professor Manfred Spitzer: Medizin für die Bildung *(Mit einem genialen, Lehrer zum Teil verunsichernden Beitrag über Pubertät und Persönlichkeitsentwicklung)*

Professor Gerhard Roth: Bildung braucht Persönlichkeit. *(Wissenschaftlich sehr fundiert, spannend)*

DVD: Professor Gerald Hüther: Was Kinder brauchen (jokers edition): (*interessant für Menschen, die Schule vom Kind her denken wollen.*)

DVD: Professor Gerald Hüther: Was können wir zum Gelingen der Bildung unserer Kinder beitragen (AV1 Film + Multimedia, www.paedagogikfilme.de), (*Wegweisend, aufrüttelnd, beängstigend wahr, ein Torpedo für das Selbstverständnis des Systems Schule*)

Resilienzforschung

Unter Resilienz versteht man die seelische Widerstandskraft, mit der Menschen auch die schwersten Belastungen überstehen. Es ist erstaunlich, wie manche Menschen auch die schwersten Krisen wie Trennungen, Gewalt, den Tod lieber Angehörigen, Missbrauch oder Einsamkeit ertragen können. Problemfelder, die andere Menschen zerstören. Resilienz ist der Wille zu überleben.

Ausgelöst wurde das Forschungsinteresse durch die Tatsache, dass Kinder als Erwachsene im Grunde mit seelischen „Furchen und Kratzern" leben können.

Als Ursachen für diese Widerstandskraft wurden erkannt:

(in Anlehnung an den Artikel „Resilienzforschung" – das Geheimnis der inneren Stärke von Birgit Wolter (http://www.if-weinheim.de/images /stories/systhema/2005/3_2005/Sys_3_2005_Wolter.pdf)

- „Stabile emotionale Beziehung zu einem Erwachsenen (Eltern, Onkel, Tante, Nachbarn, Lehrer etc.)
- Menschen, die als soziales Vorbild dienen und zeigen, wie Probleme konstruktiv gelöst werden können.
- Früh Leistungsanforderungen bewältigen (ein Amt in der Schule, die Versorgung jüngerer Geschwister etc.)"

Das bedeutet, dass es offensichtlich bedeutsam ist, Kinder in Verantwortung zu nehmen und insbesondere auf ihre sozialen Kompetenzen zu vertrauen.

Um als resilient zu gelten, führt Birgit Wolter in dem Artikel aus, sei es wichtig, die Fähigkeit zu haben, die eigene Situation verändern zu können. Es ist bemerkenswert, dass Resilienz eine Eigenschaft ist, die jeder Mensch aufbauen und lernen kann. Auch als Erwachsener ist man jederzeit noch in der Lage, Widerstandsfähigkeit zu entwickeln.

Kinder erwerben sie dank fürsorglicher Bezugspersonen innerhalb und außerhalb der Familie. „Über die Eigenschaften, die der Mensch haben muss, der das Puzzle seines Lebens, seines Ichs, aus eigener Kraft zusammenfügt, sind sich Forscher einig: Beziehungsfähigkeit, Hoffnung, Selbstständigkeit, Fantasie, Kreativität, Unabhängigkeit, Humor, Entschlossenheit, Mut, Einsicht, Reflexion. Das ist das Gerüst, das uns hält, wenn wir in Krisensituationen standhalten."

(Martin Seligman: Der Glücks-Faktor – Warum Optimisten länger leben, Bastei Lübbe Taschenbücher und Ehrenwirth Verlag, 2002, S. 300).

Oft genügt eine Person, die Kinder erkennen lässt: „Ich sehe dich. So wie du bist, ist es gut. Du kannst was. Du bist wer. Du hast deine Zukunft in der Hand. Sei unbesorgt, du machst das schon." Ich denke, das ist insbesondere eine lohnenswerte Aufgabe für die Opas und Omas dieser Welt, die entbunden von allen erzieherischen Aufgaben ihren Enkelkindern mit ihrer liebenswerten Art so viel Rückenwind im Leben mitgeben können. In der Beziehung zu meinen Schülern bemühe ich mich ganz bewusst um derartige Botschaften.

Ich hatte zuvor schon meine Schülerin erwähnt, die im Beisein der Mutter sagte: „Ich kann was, ich bin wer, ich gehe jetzt meinen Weg." Das Mädchen war zuvor in psychotherapeutischer Behandlung gewesen. In zahlreichen Gesprächen war es unserer Schulpsychologin und mir gelungen so viel Bindung und Beziehung zu entwickeln, dass sie letztlich zu dieser optimistischen Erkenntnis kam.

Resilienz dank achtsamer, fürsorglicher Beziehung kann gelingen. Birgit Wolter beschreibt resiliente Menschen:

„Resiliente, ob aus schwierigen oder harmonischen Familien, fühlen sich akzeptierter als andere, wissen, wie man soziale Konflikte löst und Unterstützung mobilisiert. Ihr Selbstwertgefühl ist hoch und sie haben oft dauerhafte Freundschaften. Sie wachsen an Krisen und nutzen diese als Chance."

Womit wir bei einem weiteren spannenden Kapitel angelangt sind:

27 Eltern, gelassen in Krisenzeiten

Eine rein harmonisches Familienleben, immer nur „Friede, Freude, Eierkuchen" gibt es auch in der herzlichsten Familie nicht. Auch hier kommt es zu Irritationen, Auseinandersetzungen und Krisen. Die Chinesen haben dafür dieses Zeichen. Es ist mehrdeutig und weist auf einen wichtigen Zusammenhang hin, nämlich dass Gefahren und Krisen auch immer Chancen in sich tragen.

Gehen wir die Sache über die Positive Psychologie an und bemühen uns um positives Denken. **Alles Negative hat auch etwas Positives**, wenn man nur die Perspektive wechselt. Ist man krank, legt man sich ins Bett und schläft sich gesund. Irgendwann rühren sich wieder die Lebensgeister, man kann wieder eine Suppe essen und man merkt schließlich, dass es wieder aufwärts geht. Wie sehr genießt man es dann, wieder am geregelten Leben teilnehmen zu können. Eine Krankheit lehrt also ein Stück weit Demut und Dankbarkeit für das ganz „normale" Leben.

Der Tod eines geliebten Menschen führt die Familie – trotz all der Trauer – normalerweise enger zusammen. Man kommt sich im gemeinsamen Leid näher. Mitunter wird man dadurch mit einem Sprung ein Stück weit erwachsener. Das sind zumindest meine Erfahrungen. Aus Niederlagen lernt man, Trennungen können dazu führen, dass man autonomer und selbstständiger lebt. Sie lassen einen erstarken. Und so mancher Konflikt, den man versöhnlich überwindet, schweißt zusammen. Ich glaube, gute Ehen werden sicherlich von Liebe und schönen Zeiten getragen. Sie leben aber vor allem davon, dass man es schafft, Krisen und schlechte Zeiten zu meistern.

Unser Sohn kam in der Schule zurecht. Er war aber wirklich kein begeisterter Schüler. Das Gymnasium war kein Thema. Er besuchte die Realschule, brachte ordentliche, aber keine guten Zeugnisse heim. Er hatte nie Fünfer und zugegeben auch nur wenige Einser und Zweier. Schule war nicht so seine Leidenschaft. Die „Bombe" ging mit dem Zwischenzeugnis der neunten Klasse hoch: Note 6 in Wirtschaft, Versetzung gefährdet. Wir hatten keine Ahnung, war er doch in der Verschleierung mancher schulischer Ergebnisse durchaus verhaltensoriginell. Natürlich gab es einen riesigen Ärger mit Vorwürfen, Verzweiflung und tränenreichen Wutausbrüchen aller Beteiligten. Einige Eltern kennen das sehr wohl. Am Abend sagte meine Frau, dass es doch angebracht wäre, wenn der Papa mal ein Gespräch mit ihm führen würde. Ich muss zugeben, ich hatte dafür kein richtiges Konzept. Ich ging in sein Zimmer und meinte nur: „Ganz schön Scheiße" – „Etwas muss passieren." Unser Sohn erzählte dann von Strategien, wie er mit welchen Noten und Taten aus der Sechs eine Vier machen könnte. Irgendwann meinte ich nur: „Ich sage dir eins: In diesem Haus wird es immer ein Bett und etwas zu Essen für dich geben. Schau, dass du das geregelt kriegst." Ich umarmte ihn und damit war die Sache im Grunde geregelt. Natürlich hatte er am Ende die Vier, aber das war nebensächlich. Das Wesentliche war sicherlich, dass ich mich, ***von Sorgen und Ängsten lösen*** *konnte und diese* ***in Vertrauen*** *ummünzte. Ich denke, dass dies ein bedeutsamer Schritt für Eltern ist, besonders in der Pubertät der Kinder.*

Es gibt eine zweite Geschichte, die uns zusammenschweißt, eine traurige. Wir mussten nach nur sieben Jahren unseren geliebten Labrador einschläfern lassen. Mein Chef gab mir damals den Tipp, das genauso zu machen, wie wir das Leben mit dem Hund begannen. So wie wir ihn gemeinsam beim Züchter abholten, sollten wir ihn auch gemeinsam im Familienkreis verabschieden. Das taten wir auch. An einem Novembertag beerdigten mein Sohn und ich den Hund bei strömendem Regen.

Ansonsten bietet ein Leben mit Kindern oder seinem Partner ein breites Feld für Streit, Auseinandersetzungen und Konflikte. Das gehört selbstverständlich zum Familienleben dazu, insbesondere die Pubertät der Kinder kann zu familiären Konflikten führen. Eigentlich zeigt sich in der Art der Bewältigung, wie die Würde aller respektiert wird. Ich möchte daher zu einem Exkurs einladen in die Welt von Marshall Rosenberg und Abe Maslow, die zeigen, wie wir Menschen „ticken". Der Exkurs soll unter anderem Anregungen geben, wie man Auseinandersetzungen durch gelingende Kommunikation lösen kann. Außerdem möchte ich in dieser Fragestellung auf die Erkenntnisse von Jesper Juul über das Leben gleichwürdiger Beziehungen verweisen. (Seite 60)

Konflikte bewältigen

Konflikte friedlich zu lösen beruht auf der Grundlage von wertschätzender Kommunikation. „Durch Redn kumma d`Leit zam" heißt es so schön im Bayerischen. Nur worüber ist zu sprechen und wie? In der Frage, was man zur Bewältigung von Konflikten tun könnte, stieß ich auf die spannende Erkenntniswelt von Marshall Rosenberg:

Marshall Rosenberg ist bekannt als Mediator in den problematischsten Krisenregionen der Welt. Er entwickelte das Konzept der **Gewaltfreien Kommunikation** (**GfK**) zur Bewältigung von Konflikten. Rosenberg ist ein Schüler von Carl Roger, dem Begründer der lösungsorientierten Gesprächsführung. Sein Menschenbild geht auf die Humanistische Psychologie zurück. Rosenberg geht davon aus, dass Streit, Auseinandersetzungen und Konflikte darauf beruhen, dass Menschen in ihren Bedürfnissen nicht befriedigt sind. Dies wirkt sich auf ihre Gefühle aus und sie reagieren eben entsprechend wütend, aggressiv und streitlustig oder auch mit Missmut und Rückzug. **Rosenberg nennt jede Form von Gewalt „einen tragischen Ausdruck eines unerfüllten Bedürfnisses".** Seine Methode der Konfliktlösung, die GfK, versteht sich als Grundhaltung, bei der eine wertschätzende Beziehung im Vordergrund steht. Ein Synonym dafür ist Einfühlsame Kommunikation. Er spricht von der „Sprache des Herzens" oder der „Giraffensprache" im Gegensatz zu der „Wolfssprache", welcher sich viele Menschen bedienen, die Mitmenschen wertend und wenig empathisch begegnen.

Das Konzept der Gewaltfreien Kommunikation von Rosenberg

Für mich ist Rosenberg der Empathie-Papst. Und Empathie, die Fähigkeit sich mit Achtsamkeit in andere Menschen hinein zu fühlen und ihre Gefühle wahrzunehmen, ist Grundlage der GfK. Rosenberg geht davon aus, dass sich Menschen nach Empathie sehnen. Die Gewaltfreie Kommunikation soll helfen, sich ehrlich auszudrücken und zuzuhören. Sie erhebt die Gefühle und Bedürfnisse zum Thema, welche hinter den Handlungen und Konflikten von Menschen stecken. Rosenberg unterscheidet zwei Arten zwischenmenschlicher Kommunikation, die gewaltfreie Kommunikation und die lebensentfremdende Kommunikation. Spielerisch veranschaulicht er die „Giraffensprache" und „Wolfssprache" bei Vorträgen und Seminaren mit entsprechenden Handpuppen.

TIPP: Wenn Sie mehr über diese spannende Methode wissen wollen, empfehle ich: Marshall B. Rosenberg: Konflikte lösen durch Gewaltfreie Kommunikation, Ein Gespräch mit Gabriele Seils, Herder Spektrum, 2004.

Wenn also Streit und Gewalt vor allem mit unseren Bedürfnissen zu tun haben, müssen wir klären, welche Bedürfnisse unser Leben beeinflussen. Hierzu muss man sich der Psychologie zuwenden. Spannende Antworten liefert Abraham Maslow:

Unsere Gefühle zeigen, wie wir unsere Bedürfnisse leben – ein Exkurs in die Welt der Psychologie

Irgendwie scheinen so manche Menschen der Psychologie kritisch gegenüber zu stehen. Auch Ärzte in meinem Freundeskreis sind da skeptisch. „Die Psychologen haben doch alle einen Schlag“, ist da zu hören. Das sind Erfahrungswerte und Klischees, die ich nicht teile. Ich habe mich schon immer dafür begeistert, wollte herausfinden, wie Menschen „ticken“ und wie man ihr Verhalten erklären kann. Selbst Lehrerkollegen negieren meine provozierende These: „Das Leben ist Psychologie.“ Ich vermute es liegt daran, dass sie sich analysiert fühlen und befürchten, dass man sie in ihrem Tun beeinflussen könnte. Sie sehen Psychologie als gefährlich an. Im Grunde steckt wohl die Angst dahinter, sich seinen Schwächen stellen zu müssen und damit sind wir wieder beim alten Problem: mangelndes Selbstwertgefühl. Außerdem würde die Psychologie ja genutzt, um Menschen über Werbung zu manipulieren. Mir geht es eher darum, Menschen zu verstehen und ihnen behilflich zu sein, ein besseres Leben zu führen oder gesündere Beziehungen zu leben. Diesbezüglich sind die Gedankenwelt und Erkenntnisse von Abe Maslow sehr hilfreich.

Maslow gilt als der wichtigste Gründervater der Humanistischen Psychologie, die eine Psychologie seelischer Gesundheit anstrebt und die menschliche Selbstverwirklichung untersucht. Er lebte vor etwa 100 Jahren in New York. Als Sohn wohlhabender, jüdischer Kaufleute hätte er nie arbeiten müssen. Er wollte studieren, um zu erfahren, wie Menschen ticken. Er wurde zum Vordenker der Positiven Psychologie. Seine Erkenntnisse münden in seine **Bedürfnispyramide**. Danach teilen alle Menschen die gleichen psychischen Bedürfnisse, sie streben nach Zugehörigkeit, Achtung, Liebe und Selbstverwirklichung. Das Ganze vollzieht sich auf verschiedenen Ebenen, wie der Übersicht auf der folgenden Seite zu entnehmen ist.

Auf der untersten Ebene stehen die physiologischen Grundbedürfnisse nach Nahrung, Luft, einem Dach über dem Kopf und sexueller Befriedigung. Darauf folgt die zweite Ebene, das Streben nach Sicherheit, Geborgenheit, nach Stabilität, die Sehnsucht angstfrei zu leben. Als sehr bedeutsam sehe ich die dritte Ebene an. Ich habe ganz den Eindruck, dass der Wunsch, seine sozialen Bedürfnisse befriedigt zu wissen, Menschen antreibt: Sehnsucht, in seiner Familie, im Freundeskreis Bindung zu finden, nach Partnerschaft, Intimität, Liebe und Kommunikation. Diese drei

Ebenen bezeichnet Maslow als **Defizitbedürfnisse**. Das bedeutet, dass diese Bedürfnisse befriedigt sein müssen, damit man zufrieden und glücklich ist. Darauf bauen die sogenannten **unstillbaren Bedürfnisse** auf. Auf der vierten Ebene die Bildung von Selbstwertgefühl, das heißt einer gewissen mentalen Stärke dank empfundenem Respekt, Wertschätzung und Anerkennung. Maslow meint, dass die unstillbaren Bedürfnisse kaum zu befriedigen sind. Das gilt insbesondere für seine fünfte Ebene, die Stufe der Selbstverwirklichung durch das Ausleben seiner Talente und Individualität.

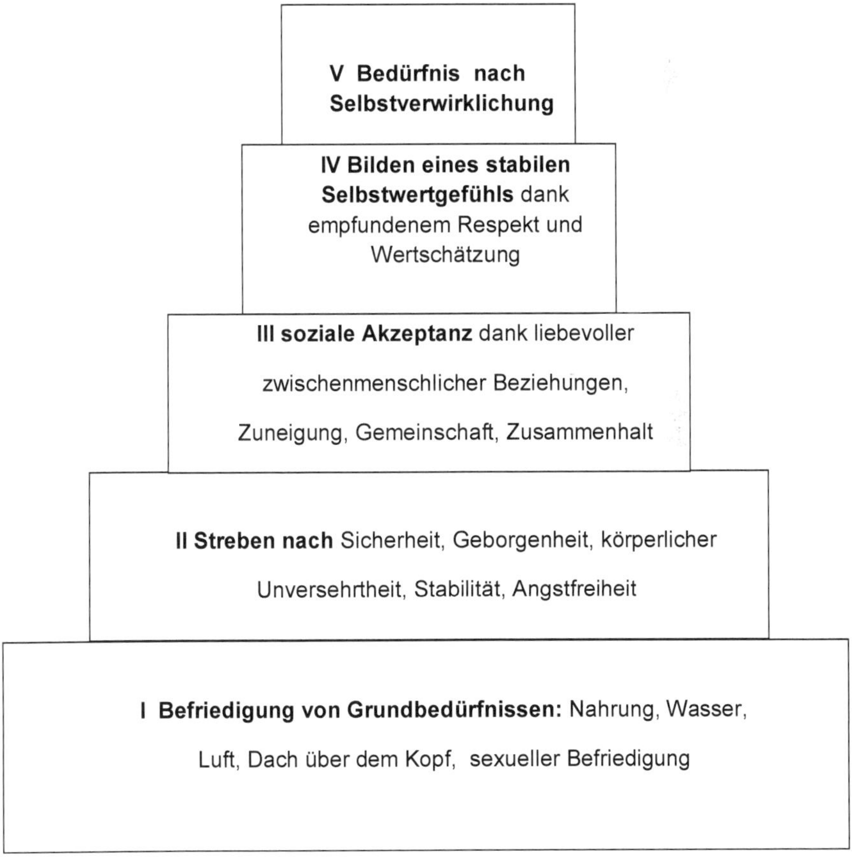

Das Spannende an der Einteilung ist die Vorstellung von Maslow, solange das Bedürfnis einer niedrigeren Stufe nicht erfüllt ist, eine höhere Bedürfnisstufe nicht erreicht wird. Erst das inzwischen befriedigte Bedürfnis erhöht die Motivation, ein weiteres zu befriedigen.

Was bedeutet das für ein Leben mit Kindern?

Eltern müssen sich sehr wohl bewusst sein, dass sie ihren Kindern neben Nahrung und einem Dach über dem Kopf Sicherheit, Geborgenheit und ein angstfreies Familienleben gewähren müssen. Das gibt den Kindern Sicherheit und Stabilität. Die Stufe der sozialen Akzeptanz sprengt dann den familiären Rahmen. Im Laufe des Lebens werden diesbezüglich andere Menschen, Freunde, Schulkameraden, Kollegen sehr bedeutsam. Garantiert jedoch das familiäre Umfeld nicht das Bedürfnis, sich in Gemeinschaft angenommen, respektiert, anerkannt, als Person geliebt zu fühlen, wird es schwierig, ein gesundes Selbstwertgefühl aufzubauen. Ich fürchte, dass es um das Selbstwertgefühl vieler Zeitgenossen und Kinder nicht sehr gut bestellt ist.

28 Gelassen durch die Pubertät:

Voll das Leben, wenn Erziehung und Lernen schwierig werden

„He, Mama, mach dich mal ein bisschen locker, musst ja nicht gleich wieder die Lehrerin rausholen!“

Ich erinnere mich noch genau an derartige provozierende Sprüche unseres Sohnes, Reaktionen von ihm, mit denen er einen zum Kochen brachte, wenn man versuchte etwas Ordnung im Haushalt oder Disziplin einzufordern. Die Zeit der Pubertät kann für Eltern wirklich nervenaufreibend sein.

Eine Mutter sagte zu mir in einer Sprechstunde „Seit Wochen kenne ich diesen jungen Mann nicht mehr, der in unserem Haus ein und aus geht. Manchmal möchte ich ins Auto steigen und weit weg fahren und nicht zurückkehren.“

Eltern müssen tatsächlich in der Zeit der Pubertät lernen, plötzlich ein anderes Kind vor sich zu haben, das seine Launen auslebt und verbale Hiebe verpasst. Aus dem lieben, netten kleinen Sohn kann ein Monster werden, aus der süßen Tochter eine fürchterliche Zicke. Aber das sind nur Phasen und es gibt auch schöne Momente mit tollen Gesprächen über das Leben, in denen sich die Kinder von ihrer besten Seite zeigen. Dennoch hat man es als Eltern nicht leicht, das richtige Timing zu finden, wann man sein Kind besser in Ruhe lässt oder zu erkennen, wann ein Gespräch angebracht wäre und es Hilfe benötigt. Auf alle Fälle ist viel Verständnis erforderlich und es hilft, einiges über die Pubertät zu wissen. So gehört es dazu, dass sich die Kinder in dieser Zeit unbedingt von ihren Eltern abgrenzen müssen, um einen eigenen Weg zu finden. Sie müssen in gewisser Weise gegen ihre Eltern rebellieren. Daher sind Eltern eine Zeit lang in der Öffentlichkeit nur eins, nämlich absolut peinlich. In der Folge werden Eltern zum Punchingball der Gefühle ihrer Kinder und zum Sparringspartner ihrer emotionalen Verirrungen, ob sie das wollen oder nicht.

„In der Pubertät vollzieht sich das Drama, dass die Bindung zu den Eltern zusammenbricht“, meint Remo Largo.

Die Eltern leiden unter Kontrollverlust. Für die Kinder ergibt sich ein zweites Problem: Gleichaltrige können die Qualität der Bindung, wie sie Eltern garantierten, nicht gewährleisten. Jugendliche in der Pubertät entwickeln ein anderes Verhältnis zu ihren Eltern:

- Sie können Eltern nicht mehr so lieben, wie man sie als Kind geliebt hat.
- Sie können ihnen nicht mehr alles anvertrauen.
- Sie sehen sie mit neuen Augen.
- Sie können sie nicht mehr idealisieren.
- Eltern werden zu Menschen wie andere auch.
- **Sie verlieren damit ihre Illusionen über ihre Eltern.**
- Sie brauchen das Gespräch mit den Eltern, aber nicht ihre Ratschläge.

Vor der Pubertät sind in die Eltern in der Vorstellung der Kinder die größten. Das ändert sich nun und Eltern stehen vor dem Problem, wie sie die Beziehung neu gestalten sollen.

Pubertierende entwickeln eine tiefe Sehnsucht nach Verständnis mit Gleichaltrigen. Das bedeutet: Freunde haben, den anderen gefallen wollen, den Doppelgänger suchen, die verwandte Seele finden, Ego sein, werden existentiell bedeutsam. Es ist ein Gefühl der Verschmelzung.

Diese Wünsche sind die Vorstellungen, die sie gegenüber Eltern hatten. Das zu realisieren ist für Gleichaltrige unmöglich. Das Drama der Enttäuschung ist somit vorprogrammiert.

Eltern können das nicht auffangen. Sie sind nicht mehr das, was sie waren. Sie sind nur noch Nothafen, und der Albtraum der Teenies, allein zu sein, ohne Freunde, ist die Gefahr.

Es ist auch die Phase des Ausprobierens, der Exzesse, der Mutproben, der Experimente mit Drogen und vor allem eine Phase, in denen sich Jugendliche radikal gleichaltrigen Freunden zuwenden. In ihrer Mitte suchen sie das, wonach sie sich sehnen: Respekt, Verständnis, Solidarität, Liebe. Gute Freunde sind dann der Schlüssel zu ihrem Lebensglück und nichts trifft sie härter als Schikanen in ihrem Freundeskreis oder auch in der Schulklasse.

Deshalb haben Jugendliche in dieser Phase zwei Kernprobleme:

- Wie dogge ich bei anderen an?
- Wie komme ich an?

Das dominiert ihr Seelenleben und selbst schulisches Lernen wird zur Nebensache. Ich denke, schulischer Erfolg kann sich nur dann einstellen, wenn sich Jugendliche in ihrem Umfeld wohlfühlen. Das müssen Lehrer wissen.

Eine Schülerin, die an der Realschule scheiterte, meinte auf meine Frage hin, was das Problem war: „Der Zickenkrieg an der Mädchen-Realschule war so groß. Ich konnte gar nicht lernen.“

Eine Tatsache ist tröstlich: 80 Prozent aller Jugendlichen kommen ohne größere Komplikationen durch die Pubertät, nur ein bis drei Prozent leiden unter Pubertätsexzessen, die mit Kleinkriminalität, übermäßigem Drogenkonsum und Depressionen einhergehen. Jungen leiden weniger unter den körperlichen Veränderungen als Mädchen, im Gegenteil, viele entwickeln ein fast narzisstisches Selbstbild angesichts ihrer breiten Schultern und den wachsenden Muskeln. Das entspricht ja dem männlichen Schönheitsideal. Manche Mädchen bekommen ein Problem mit ihrem Körpergewicht. So empfindet sich jedes zweite Mädchen zwischen 13 und 14 Jahren als zu dick. 30 Prozent der Zehnjährigen haben eine Diät hinter sich und 15 Prozent der 15-Jährigen.
Früher dachte ich, die Pubertät sei vor allem die Phase der hormonellen Veränderungen der Kinder. Dann musste ich erkennen, dass dies nur einer

von drei Faktoren ist. Die Wissenschaftsredakteurin Barbara Strauch schreibt in ihrem Buch „Warum sie so seltsam sind“:

„Letztlich müssen wir uns die drei Faktoren Hormone, Gehirnstruktur und Psyche wie Zutaten einer Backmischung vorstellen, die zusammengerührt und in den Ofen geschoben werden und dort über die Pubertät hinweg überhitzt miteinander reagieren!“

Sie führt im Einzelnen aus, dass sich die Emotionen der Jugendlichen auf und ab bewegen wie beim Trampolinspringen. Den Eltern kommt dabei die Rolle des Sprungtuchs zu. Eltern werden zu Spielfiguren für Wut und Rebellion. Die jungen Menschen leben nach dem Motto: „Ich provoziere, also bin ich!“

Wie sollen Eltern darauf reagieren?

Zunächst einmal mit Verständnis für ihre Kinder. Mit der Einsicht, dass hinter ihrem Verhalten kein böser Wille steckt und sie nun eine neue Rolle einnehmen müssen. Ihr Kind braucht die Eltern als Sparringspartner bei dem Kampf, eine eigene Position im Leben einzunehmen. Es wäre der größte Fehler, sich in dieser Phase zurückzuziehen. Der Kampf, den Jugendliche ausfechten, um zu sich selbst zu finden, darf nicht ins Leere laufen. Wenn ihr Geschrei, ihre Provokationen, ihr unflätiges Reden und Benehmen nicht auf Widerstand stoßen, den sie dringend zur Orientierung brauchen, suchen sie sich externe Provokationen.
Es fällt Eltern schwer, einzusehen, dass Kinder in dieser Phase kaum zur Verantwortung für ihr Verhalten herangezogen werden können und vernünftige Argumente nicht ziehen. Der Grund ist ein einfacher: Ihre unvollständige Gehirnentwicklung macht ihnen das unmöglich. Ihr Verhalten ist kein böser Wille und keine Frage einer Charakterschwäche. Sie wissen nicht, was sie tun, weil ihr Gehirn einer Baustelle gleicht, an der heftig restauriert wird. Der US-Neurologe Jay Giedd veranschaulicht das mit dem Gleichnis:

„Neurologisch betrachtet gleicht das Verhalten von Jugendlichen einem vollbesetzen Airbus, der mit vibrierenden Treibwerken über die Startbahn rast, während im Cockpit noch an Kontrollinstrumenten und Navigationssystem geschraubt wird!“

Früher irrte man im Glauben, mit zwölf Jahren sei die Gehirnentwicklung abgeschlossen. Tatsächlich wächst es später in verschiedenen Schritten weiter. Zunächst entwickeln sich Bewegungssteuerung und Wahrnehmung, anschließend Regionen, in denen sich Sprache und räumliches Vorstellungsvermögen ausprägen. Am längsten dauern Veränderungen des hinter der Stirn befindlichen Präfontallappens. Dieser ist zuständig für Planung, Abwägen von Konsequenzen und Impulskontrolle.
Wie wirkt sich das auf ihr Verhalten aus?
Zunächst einmal bekommen junge Erwachsene Schwierigkeiten, einfachste Botschaften zu registrieren. Es fällt ihnen schwer, Dinge zu planen und folgerichtig zu handeln und was das Zusammenleben mit ihnen am meisten erschwert: Sie handeln vollkommen impulsiv, unüberlegt und denken in keinster Weise an Konsequenzen. Eigentlich sind sie nicht Herr dessen, was passiert. Sie jagen blind für Risiken Grenzen hinterher mit Weggehexzessen, zum Teil mit Drogenexperimenten.
Aber Gott sei Dank gehen diese Phasen mangelnder Einsicht und Selbstkontrolle vorüber.

Ich kann mich noch erinnern, welche weitere Eigenschaft unseres Sohnes mich in seiner Jugend enorm verärgerte. Nach einer langen Nacht kam er vor 14.00 Uhr nicht aus den Federn, selbst bei schönstem Wetter. Er schien er in seinem Zimmer zu verschimmeln: Eines Tages fand ich eine Erklärung für diesen fragwürdigen Tagesrhythmus. Jugendliche in der Pubertät produzieren in der Zirbeldrüse das Schlafhormon Melatonin mit einer Verzögerung von zwei Stunden. Das bedeutet, sie werden abends nicht so schnell müde und kommen morgens nicht so flott in die Gänge. Seitdem ich das weiß, bin ich um 8.00 Uhr nachsichtiger mit meinen Schülern und bemühe mich öfters um einen Hallo-Wach-Gag.

80 Prozent aller Jugendlichen kommen gut durch die Pubertät und so manche Auseinandersetzung wird schnell vergessen. Es hilft, wenn man manchmal einfach die Türe hinter sich zumacht. Aber es ist keineswegs so, dass man gar keinen Zugang mehr zu seinem Kind findet. Man braucht wirklich viel Verständnis und es lohnt sich, Momente zu nutzen, um ein ruhiges Gespräch mit seinem Kind zu beginnen über alles, was es bewegt. Gespräche, in denen man auch **seine eigenen Sorgen und Ängste an-**

sprechen kann, in denen man klare Grenzen einfordert und Vereinbarungen trifft. Jugendliche akzeptieren das. Sie halten sich an Regeln. Sie respektieren ihre Eltern. Sie akzeptieren auch Sanktionen. Im richtigen Ton vorgebracht, nehmen sie es an. Ich bin immer wieder erstaunt, wie einsichtig meine Schüler selbst fragwürdigste Strafen ihrer Eltern akzeptieren. Es kommt im Grunde nie vor, dass sie deshalb den Stab über sie brechen. Für manche Eltern ist es aber problematisch, dass sie in den Augen ihrer Kinder einfach nur peinlich sind.

Ich denke im Grunde schmunzelnd an diese Zeiten zurück, als wir mit unseren Kindern diese Erfahrung machen mussten. Bei einem Stadtfest sahen wir sie mit ihren Freunden. Als wir uns näherten, drehten sie uns fast demonstrativ den Rücken zu und ignorierten uns völlig, während mancher ihrer Freunde uns anständig grüßte. Als unsere Tochter ihren 15-ten Geburtstag mit Freunden am See feierte, wäre es ein Affront gewesen vorbeizufahren. Als sie am gleichen See zum 18-ten eine Fete feierte, war es cool, als wir mit Sekt und Gläsern in der Hand zum Gratulieren kamen. Wir waren gern gesehene Gäste, zumindest eine Stunde lang. Und es gefiel unserer Tochter sehr, dass wir danach mit einem kurzen Besuch bei der Familienfeier und einem kleinen Geschenk Anteil nahmen an dem 18-ten Geburtstag ihrer Jugendfreundin. Es tut den Kindern gut und ist ein Zeichen von großem Respekt und Zuwendung, wenn wir ihre Freunde in unser Leben integrieren. Wir wollten im Prinzip vier Kinder, heute haben wir tatsächlich vier, wie ich immer sage: Zwei leibliche und dazu noch die beiden langjährigen Lebenspartner, die unser Familienleben bereichern.

Mit Vorwürfen bombardiert: Wie tickt die Jugend wirklich?

„Die Jugend liebt den Luxus. Sie hat schlechte Manieren, verachtet die Autorität, hat keinen Respekt vor Älteren und schwatzt, wo sie arbeiten sollte."

Die Jugend steht in der Kritik. Medienvertreter gehen mit Schlagzeilen wie „Generation Spaß", „Generation doof", „Generation Gewalt", „Generation Komasaufen", und so weiter hart mit ihr ins Gericht.

Viele dieser Anschuldigungen sind nicht berechtigt. So entstammt das obere Zitat keineswegs aus der Feder eines zeitgenössischen Jugendforschers, sondern von Sokrates. Die ältere Generation hatte also schon immer ein Problem mit dem Verhalten der Jugend.

Es ist sicherlich kaum gerechtfertigt, wenn Journalisten der 68-Generation die heutige Jugend in der Wochenzeitschrift „Zeit“ als traurige angepasste Streber und als Mittelschicht-Biedermänner bezeichnen. Studien über die Heranwachsenden, wie die bekannten „Shell-Studien“ aus den Jahren 2006 und 2010, sowie die Untersuchung „Studie Deutschland 2030“ zeichnen ein anderes Bild. So ist der Vorwurf „Generation doof“ nicht haltbar, da es noch nie so viele Abiturienten und noch nie so wenig Jugendliche ohne Schulabschluss gab wie heute. Der Vorwurf Jugendliche seien nur auf Spaß aus und egoistisch, trifft ebenfalls nicht zu: Jugendliche engagieren sich im Gemeinwesen. Sie suchen die romantische Liebe und ein harmonisches Familienleben ist ihnen sehr wichtig. Noch nie hatten Jugendliche ein derart gutes Verhältnis zu ihren Eltern. Die Journalistin Elke Hartmann-Wolff stellt in ihrer Recherche „Wir – und ihr“ im Focus vom 11. April 2009 fest:

„Jugend spiegelt immer die gesellschaftlichen Realitäten wider und sie tut sich heute schwer, sich in unserer immer komplexer werdenden Welt zu orientieren. Es sei eine Minderheit, deren Verhalten obige Pauschalkritik auslöst.“

Das Verhalten des Großteils der Jugend gibt keinerlei Anlass zu Sorge. Die Mehrheit will sich in die Gesellschaft integrieren und will etwas leisten. Tugenden, die sie auszeichnen seien Fleiß, Ehrgeiz und Sicherheit. Sie sieht einige Bedenken erregende Fakten: Die heutige Jugend ist verunsichert, die Sorge um die Ausbildung belastet sie mehr als Angst vor Krankheit, Unfall oder Tod. Die Zeit der klar umrissenen Werte ist vorbei und in einem immer härter werdenden Existenzkampf befürchten die jungen Menschen, dass die alte Formel Aus(bildung) + Fleiß = materieller Wohlstand für ihr Leben nicht mehr zutrifft. Sie spüren, dass sie in einem „Versorgungsparadies“ aufwachsen und befürchten, dass dies in ihrer Zukunft in dem Ausmaße wohl nicht mehr gewährleitet ist. Die Autorin stellt fest, dass die junge Generation verzweifelt nach Erwachsenen sucht, die ihnen eine ethische Grundlage anbieten. Dazu sollte eine tiefe Zuneigung zum Menschen gehören. Sie suchen entsprechende Orientierung im Leben. Daraus erklärt sich auch die Begeisterung für Barack Obama, während deutsche Politiker, überhaupt Politik, sie in keinster Weise erreichen und interessieren. Es ist aus meiner Sicht schon erstaunlich, dass eigentlich der vermeintlich üble und gefühlskalte U-Bahn-Schläger im Grunde eine tiefe Sehnsucht nach einer Vertrauensperson hegt, die ihm sagt, wo es lang geht.

Wenn mein Kind in die Pubertät kommt – Ein 7-Punkteprogramm für Eltern:

Das Leben mit Kindern ändert sich, wenn diese zu jungen Erwachsenen werden. Berücksichtigt man vieles von dem Ausgeführten, so ergibt sich aus meiner Sicht eine 7-Punkte-Empfehlung:

1. Eine angemessene Haltung ist wichtig. Dem dienlich ist viel Verständnis für Teenies und Wissen über Pubertät. Man muss akzeptieren, dass das Kind nun ein junger Erwachsener ist und entsprechend loslassen lernen. Jetzt erst Recht geht es darum, sich ein positives Bild seines Kindes zu bewahren. Mehr denn je braucht das Kind nun Respekt, Anerkennung, Wertschätzung, spürbare elterliche Zuneigung und Liebe.
2. Die Qualität der Beziehung macht den Unterschied und bildet die Grundlage des Selbstwertgefühls des Kindes. Sie bedingt die Stärke des Kindes und sein Glücksempfinden. Daher sind Vertrauen, Zuversicht und Gelassenheit bedeutsam. Es geht darum, gleichwürdige Beziehungen zu leben. Bedeutsam und Ausdruck dieser gelingenden Beziehung ist die Form der Kommunikation. Man muss lernen, zuzuhören und einen offenen Dialog zu führen. Vielleicht schaffen es ja manche, sich eine persönliche „Giraffensprache“ anzueignen (siehe S. 147f.).
3. Freunde werden lebensnotwendig und bedeutsamer denn je zuvor. Eltern sollten diese in das Familienleben integrieren und ihnen die Türe öffnen.
4. Die Persönlichkeit der Jugendlichen entwickelt sich insbesondere durch Begeisterung und Leidenschaft für Hobbys. Diese bieten die Möglichkeit, seine Stärken auszuprägen. Teenies müssen andererseits lernen, mit ihren Schwächen umzugehen.
5. Krisen sind Chancen: Konflikte, Streit ist etwas Normales. Schulisches Lernen wird schwerer. Schulversagen kann drohen. Die Beziehung zu dem Kind wird durch die Art und Weise gestärkt, wie diese Krisen bewältigt werden.
6. Bedeutsam sind die Bereitschaft und die Einsicht, dass man auch von seinem Kind lernt. Wenn überhaupt jemand einem den Spiegel vorhält, dann das eigene Kind. Diese Erkenntnis sollte man ernst nehmen.
7. Wie Eltern das Leben meistern beeinflusst die Lebenskompetenz und das Lebensglück ihres Kindes. Eltern können die Sonne im Leben ihres Kindes sein.

4. Kapitel: Eltern können die Sonne im Leben ihrer Kinder sein

Fassen wir zusammen: Unser Leben beruht auf biologischen Gegebenheiten. Unser Hirn ist ein Sozialorgan. Vom ersten Tag unseres Lebens an sind wir auf Bezugspersonen angewiesen. Vom ersten Tag an lernen wir durch Nachahmung. Die Beziehungen zu Bezugspersonen, die aus dieser Bindung resultierende emotionale Sicherheit prägen unser Sein mehr als die Anlagen. Die Qualität dieser Beziehungen ist Fundament unserer Stärke. Insbesondere unser Selbstwertgefühl trägt uns durch das Leben. Dieses Muster beeinflusst uns ein Leben lang. Es geht im Kern darum, dass zwei fundamentale Grundbedürfnisse befriedigt werden müssen, zum einen die Notwendigkeit sich zu binden, zum anderen das Streben, an Herausforderungen zu wachsen. Die Art der Anbindung an unsere Nächsten, das heißt an unsere Familie, Freunde, vielleicht auch Kollegen und an all das, was wir mit Leidenschaft, mit Begeisterung aus uns entwickeln, sind die Eckpfeiler unseres Lebensglücks. Dieses können wir nachhaltig positiv beeinflussen, wie uns die Positive Psychologie lehrt.

Unsere Kinder sind kompetent, neugierig, lernwillig und äußerst kooperativ. Sie besitzen im Grunde ein inneres Entwicklungsprogramm, das abgerufen wird, indem sie von Vorbildern lernen und an Problemlösungen wachsen. Im Wesentlichen geht es darum, Kinder empathisch zu begleiten, ihnen Führung und Orientierung zu gewährleisten sowie die Stärken von Kindern zu entdecken.

Wir müssen gar nicht so viel Förderaktionismus entwickeln und meinen, ständig erziehen zu müssen. (siehe Kritik von Jesper Juul Abschnitt 11 S. 45) Das würde nur bedeuten, an Kindern rumzuoperieren und sie eventuell zu pathologisieren. Im Grunde ist es ganz einfach. Wir müssen unseren Kindern das geben, was sie brauchen: unsere Zeit, Liebe, Achtsamkeit und ein Familienleben voller positiver Emotionen. Besonders gut gelingt das auf der Basis einer kindgerechten Haltung. Diese beruht auf vielen der zuvor angesprochenen Punkte, auf Gleichwürdigkeit in der Beziehung, auf einer Erziehung im Sinne der Positiven Psychologie und auf gelingender Kommunikation. Dann können Eltern tatsächlich die Sonne im Leben ihrer Kinder sein, wie ich im Folgenden ausführen möchte.

Eltern können die Sonne im Leben ihrer Kinder sein und ihnen eine **glückliche Kindheit** ermöglichen. Ich sehe vier Aspekte, warum Eltern wie die Sonne im Leben ihrer Kinder wirken. Zum ersten die Tatsache, dass Eltern ihren Kindern alles geben können, was sie brauchen. Zum zweiten besitzen sie als Bezugspersonen enorme Bedeutung für die gesunde Entwicklung der Kinder. Drittens können sie zum Gedeihen ihrer Kinder beitragen. Ich möchte dies in Anlehnung an den Arzt und Gehirnforscher Joachim Bauer in einem Gleichnis darlegen. Sie tragen, wie die Sonne, zum Wachstum ihrer Pflänzchen, eben ihrer Kinder, bei. Und viertens leisten sie einen großen Beitrag zu ihrem Lebensglück. Um dies zu erläutern beziehe ich mich auf die Erkenntnisse der Positiven Psychologie, Ich werde das Phänomen des „Flourishing“ ansprechen.

Eltern können ihren Kindern das geben, was sie brauchen

Eltern haben den wichtigsten Einfluss auf ihre Kinder. Sie tragen zu ihrer gesunden Entwicklung bei, wenn Kinder das bekommen, was sie brauchen. Ich bezeichne diese Bedürfnisse als die sieben **B-Faktoren**: **Bindung, Beziehung, Bewegung, Begeisterung, Bildung, Bewusstsein und viel Bullerbü im Leben.** Vieles davon habe ich bereits detailliert analysiert und will es hier zusammenfassen:

1. Von elementarer Bedeutung für die **Entwicklung einer gesunden Psyche** sind sichere **Bindungen** und eine gelingende **Beziehung** des Kindes zu den Eltern, getragen von Herzenswärme, Empathie und bedingungsloser Liebe.

2. An zweiter Stelle steht nach meiner Auffassung die **Entwicklung eines gesunden Selbstwertgefühls**. Selbstwertgefühl entwickelt sich dank positiver Erfahrungen, sich als selbstwirksam und kompetent zu erleben. Dafür müssen Eltern ihrem Kind Freiheiten gewähren, damit es die Welt auf seine Weise erobern kann. Das sollte auf Basis klarer Grenzen erfolgen, die dem Kind Orientierung geben. Voraussetzung dafür ist, dass Eltern es schon früh schaffen ihr Kind loszulassen und weniger zu „glucken“, damit es diese Lernerfahrungen macht. Nur sie ermöglichen dem Kind die Entfaltung von Personal- und Sozialkompetenzen. Hinzu kommen die Entwicklung weiterer Kompetenzen durch intensives Spielen und Freizeitaktivitäten, bei älteren Kindern zum Beispiel mit Leidenschaft und

Begeisterung betriebenen Hobbys. Auch schulische Erfolgserlebnisse können helfen, sich seiner Wirksamkeit bewusst zu werden. Im Wesentlichen geht es darum, dass Kinder ihre Stärken finden. Ich bedauere sehr, dass wir oft viel zu sehr auf die Defizite von Kindern fokussiert sind. Eltern fördern Stärken ihrer Kinder durch entsprechende Anerkennung beziehungsweise Lob, in der Psychologie spricht man von positivem Verstärken. All dies steht in engem Zusammenhang mit der Entwicklung von Selbstständigkeit und Selbstbewusstsein.

3. Zur **Bildung** eines starken Selbst gehört außerdem die Bildung von gesunden Abwehrmechanismen. Das Kind muss lernen mit Rückschlägen, auch mit eigenen Schwächen, zurechtzukommen. Es sollte Resilienz gegen Gefahren der heutigen Zeit entwickeln. Ich denke dabei an den überzogenen Leistungsdruck, den übertriebenen Förderwahn, der zurzeit en vogue ist, oder negative Auswüchse unserer Konsum- und Mediengesellschaft.

4. Einen weiteren wichtigen Aspekt sehe ich in der positiven Wirkung dessen, was Eltern ihren Kindern durch **„Spiegelung“** mit auf den Weg geben. Kinder verinnerlichen ganz automatisch das, was ihnen Eltern vorleben: die Tugenden, die sie zeigen, die Werte, welche ihnen wichtig sind. Pädagogen heben in diesem Sinne immer die Vorbildwirkung der Eltern hervor. Eltern können ihren Kindern ganz bewusst den Spiegel vorhalten. Optimistische Botschaften wie „Du bist gut!“, „Du schaffst das schon!“, „Ich vertraue dir!“ helfen Kinder sicherlich ungemein in dem **Bewusstsein**, auf einem guten Weg zu sein. Ich behaupte, Eltern verhelfen ihren Kindern zu ihrem Glück, indem sie ihnen Glück vorleben.

5. Aus all diesen Punkten erwächst das Bedürfnis der Kinder, in ihrem Leben ihren eigenen Weg zu suchen, zu finden und letztlich zu gehen. Bis zu einem Alter von etwa 16 Jahren lernen sie **für** Mama, Papa oder die Lehrer, erst danach entwickeln sie die **Eigenmotivation**, sich selbst Ziele zu stecken und diese anzugehen. Das übersehen viele und letztlich kommt es darauf an, den Kindern bis dahin so viel auf den Weg mitzugeben, dass sie zu einem autonomen, selbstbestimmten Leben befähigt werden. Kinder und Jugendliche durchlaufen einen Prozess der Selbstbildung, den Eltern durch ihr Einwirken positiv beeinflussen.

Bei all diesen Schritten können Eltern Hilfe erfahren und auch beanspruchen. Kinder finden zum Beispiel Unterstützung durch die **liebevolle Zuwendung der Großeltern**, welche Kinder enorm stärken kann und zur Entwicklung einer gesunden Psyche und eines positiven Selbstbildes beitragen. Umgekehrt ist es bei weitem nicht so, dass ein Elternhaus, welches die Grundlagen nicht legt, sich verheerend auf die Entwicklung junger Menschen auswirken muss. So können **Pflegeeltern** beziehungsweise andere Personen, die Kinder oder Jugendliche positiv verstärken, sie fördern und ihnen Perspektiven aufzeigen, ihre Entwicklung nachhaltig positiv beeinflussen. Voraussetzung ist, dass eine entsprechende Beziehung entwickelt wird. Ich möchte solche dem Kind, bzw. Jugendlichen positiv zugewandte Personen als „Engel" bezeichnen. Mich hat die Geschichte eines Hamburger Arztes sehr beeindruckt. Der jetzt 38-jährige Mann aus Ghana kam als Waisenkind nach Deutschland. Er fand in einem Lehrer einen Ziehvater, bzw. „Engel", der ihn aufnahm und erzog, so dass er sich, trotz aller Widrigkeiten in seiner Jugend, zu einem kompetenten, lebenslustigen Mann entwickelte. Narben aus der Kindheit können bei liebevoller Bindung heilen.

6. **Viel Bullerbü** heißt viel Kontakt zur Natur, ein Leben in Gärten und Parks, auf Wiesen, Feldern, Wäldern, in Seen und im Meer schwimmen, Berge besteigen, Flusstäler entlang radeln, und Kontakt zu Tieren. Es bedeutet für Eltern Loslassen zu lernen, damit Kinder auf eigene Faust natürliche Umgebungen erkunden und erobern können.

Mehr Bullerbü heißt aber auch, einen natürlichen Umgang mit Kindern zu pflegen. Kinder sind keine Partner und müssen nicht den Erwartungen, Hoffnungen und Ansprüchen ihrer Eltern gerecht werden. Sie entwickeln sich zu dem, was in ihnen angelegt ist und was sich unter den Rahmenbedingungen und mit den Beziehungserfahrungen, die Kinder sammeln, entfaltet. Jede Art der Einflussnahme in Form von Drill und Frühförderaktionismus wird der kindlichen natürlichen Entwicklung nicht gerecht.

Die Bedeutung der Eltern

Der Gehirnforscher Joachim Bauer beschreibt in seinem Buch „Lob der Schule" (Hoffmann und Campe, 2007) die große Bedeutung von Eltern und erläutert den neurologischen Hintergrund der Eltern-Kind-Beziehung.

Im Grunde besitzen Eltern ein biologisches Programm, welche die notwendige „Brutpflege" und emotionale Bindung garantiert. Ihre Bedeutung habe ich dargelegt, ebenso wie die Funktion der Eltern als Vorbild und den Wert des liebevollen Umgangs mit dem Kind. Joachim Bauer beschreibt den neurologischen Background dieser Beziehung, wonach Liebe und

Zuneigung zwischen Menschen durch das **Funken der Spiegelneuronen** erfolgt. (siehe S. 92)

Bauer betont, ebenso wie Winterhoff (S. 32f.), dass die Beziehung zu den Kindern niemals gleichberechtigt ist. Ich denke auch, dass Eltern für alle Zeiten Eltern sind und niemals Freunde oder sogar Partnerersatz. Grundsätzlich geht man zu ihnen eine tiefe emotionale Beziehung ein, aber es ist meiner Ansicht auch wichtig, Wissen zu sammeln, wie dieses Zusammenleben optimal ablaufen kann. Dazu gehört ein gewisses Maß an **pädagogischem und psychologischem Know-how** über förderliche Erziehungsmaßnahmen, zum Beispiel zu wissen, wie wichtig Loben und positives Verstärken sind, oder zu wissen, dass Kinder Absprachen und Grenzen brauchen. Daher ist es nach Bauer immer wieder wichtig, dass Eltern ihren Kindern als Wissende eigene Ideen, Vorschläge, Pläne unterbreiten, wie man Dinge angeht. Und man soll in einen Dialog mit ihnen eintreten. Bauer meint:

„Eine Beziehung gestalten heißt immer Vorschläge, Vorstellungen zu unterbreiten und das Kind veranlassen diese auszuprobieren.“

Er betont weiterhin, dass Kinder Orientierung brauchen: „Das Kind kann sich die Welt nicht allein erschließen, es kann vor allem keine Entscheidungen über Dinge treffen, die es noch gar nicht kennt.“

Das Gleichnis von den Eltern als Sonne und den Kindern, die wie Pflanzen gedeihen und erblühen.

Mit einem Gleichnis beschreibt Joachim Bauer Eltern als Sonne und Kinder als Pflanzen: Ohne Sonne gäbe es kein Leben, was die enorme Bedeutung der Eltern für die hilflosen Babys unterstreicht. Dank der Eltern wachsen die Kinder.

Was trägt aber zum Wachstum der Pflanzen, dem Gedeihen der Kinder bei? Was brauchen die kleinen Pflanzen noch für ihr Wachstum? Welche Einflussgrößen sind bedeutsam?

Ich habe schon betont, dass ich der Überzeugung bin, dass Kinder für ihren Reifeprozess ein biologisch, neurologisches Programm in sich tragen, welches initialisiert werden muss. Dieses sehe ich in den Wurzeln der

Pflanzen zugrunde gelegt. Pflanzen gedeihen auf einem fruchtbaren Boden. Der Boden, die Erde, stellt die Umwelt des Kindes dar, aber auch im weiteren Sinne unser Land mit all seinen Strukturen und den Gegebenheiten unserer Gesellschaft. Damit die Pflanze besonders gut wachsen kann, braucht sie regelmäßigen Dünger. Diesen sehe ich in förderlichen Anregungen, jeglicher Form von Lernen und Weiterentwicklung. Und was brauchen Pflanzen, damit sie nicht vertrocknen? Natürlich Wasser in Form von Menschen, die dem Kind Gutes tun, die Familie, Geschwister, später Freunde, vielleicht sogar Lehrer. Daher möchte ich das Bild Bauers dahingehend ergänzen, dass für mich die Eltern nicht nur die Sonne im Leben ihrer Kinder darstellen, sondern in jungen Jahren auch das Wasser, das so dringend notwendig ist für das Wachstum.

Kein Wasser, mangelnder Dünger beziehungsweise Überdüngung:

Es ist nicht förderlich, wenn ständig die Sonne scheint und ständig gegossen wird. Dann vertrocknen oder verfaulen die Wurzeln. So werden Kinder nicht optimal gedeihen, wenn man sie überbehütet oder fortlaufend einen Riesenhype um sie veranstaltet. Und wer gar nicht gießt, wer sich gar nicht um seine Kinder kümmert, dem gehen die Pflanzen regelrecht ein, sie vertrocknen. Es kommt beim Gießen auf ein gewisses Timing an. Und wer mit ständigen Fördermaßnahmen überdüngt, wird sein blaues Wunder erleben. Es kommt auf die richtige Dosierung an. Gefährdet wird dieser Prozess durch Erosion, dem Abtragen des Bodens durch Wind oder Überschwemmungen. Diese Gefahr sehe ich in negativen Auswüchsen unserer Gesellschaft, zum Beispiel dem Medienwahn und Konsumhype, denen es zu trotzen gilt.

Jede Pflanze braucht etwas anderes: So ist jedes Kind ein einmaliges Wesen und es ist die Kunst der Erziehung herauszufinden, was jedes Kind für sich braucht. Mal mehr, mal weniger Zuwendung, mal mehr, mal weniger Kontrolle. Es ist ein Irrdenken, dass man alle Kinder gleich behandeln muss.

Als Lehrer stellt man sich natürlich die Frage, welche Rolle bei all dem die Schule spielt. Man könnte die Schule als ein Gewächshaus ansehen und Lehrer als Gärtner. Ich denke, Schule wird den unterschiedlichen Pflanzen und ihren diversen Dünge- und Bewässerungsgegebenheiten oftmals nicht hinreichend gerecht. Ich befürchte fast, dass sie sich darum bemüht, dass alle Pflanzen nach einer gewissen Zeit eine gewisse Größe erzielt haben müssen. Sie werden danach bewertet und je nach Wachstum und Beschaffenheit in verschiedene neue Wachstumszonen umgepflanzt. Dieser Prozess kommt der Züchtung von Monokulturen gleich. Liegt aber nicht in der Vielfalt der Pflanzen ihre Pracht?

Eltern können einen entscheidenden Beitrag zum Lebensglück ihrer Kinder leisten…

indem sie in ihrem Leben Wissen aus dem neuen Feld der Positiven Psychologie nutzen. Es gibt uns Informationen über das „Wachstum der Pflanzen“ und wie man das richtige Timing in der Pflege findet, damit sie nicht nur wachsen, sondern erblühen.

Der Wegweiser für diese Vision ist der Psychologe Martin Seligman. Er brachte 1998 als Präsident der American Psychological Association mit einer vielbeachteten Rede die Idee der Positiven Psychologie auf den Markt. Er rief seine Kollegen auf, nicht nur die Kranken, sondern auch die normalen Menschen in den Mittelpunkt der Wissenschaft zu stellen und stellte die Frage, wie es wohl gelingen könnte, diese zu einem glücklicheren Leben zu führen. In seinem 2005 erschienen Bestseller „Der Glücksfaktor – warum Optimisten länger leben“ (Bastei Lübbe Taschenbücher und Ehrenwirth Verlag, 2005) behauptet er, dass wir viel zu lange darüber grübeln, wie wir uns verbessern können. Es sei ein Fehler, immer an Schwächen rumzudoktern und zu versuchen diese auszugleichen – eine durchaus gängige Praxis schulischer Diagnose und Fördermaßnahmen. Er behauptet, wir würden zu lange darüber reflektieren, wie wir von -5 auf -3 kommen. Man sollte mehr an Stärken arbeiten und überlegen, wie wir es schaffen von 2 nach + 6 zu gelangen. Er meint, wir müssten bei uns und auch im Leben mit unseren Kindern das suchen und finden, was Aristoteles das „gute Leben“ nannte. Daher ist es nach Seligmans Auffassung völlig legitim, als oberstes Ziel das „Streben nach Glück“ zu erklären, „the pursuit of happiness“, wie es die Väter der amerikanischen Demokratie in ihrer Unabhängigkeitserklärung 1776 forderten.

Seligman behandelt im Kern die Frage, wie sich positive Emotionen steigern lassen und wie wir damit einen höheren Glückspegel in unserem Leben erreichen.

Heute ist ein ganz neuer Aspekt in das Zentrum der Positiven Psychologie gerückt, den Barbara Fredrickson von der University of North Carolina verkündet: die Vorstellung des „Flourishing“, das als Jackpot für ein gutes und erfülltes Leben gilt. Der Begriff „Flourishing“ stammt aus der Biologie. Auf Menschen bezogen ist damit ein „Aufblühen", eine gedeihliche Entwicklung gemeint zu einem Leben in Einklang mit sich und anderen, einem Leben, in dem man zufrieden mit sich selbst ist, erfüllt von Liebe zu anderen Menschen. Das Fundament ihrer Theorie hat sie in mehr als 20 Jahren empirischer Forschung in die sogenannte „broaden and build"-Theorie gefasst: Danach erweitert die richtige Balance zwischen positiven und negativen Gefühlen unsere Wahrnehmung und unser Denken. Gute Gefühle machen mehr mit uns als einfach nur angenehm zu sein. Unter dem Einfluss von Dankbarkeit, Liebe, Ehrfurcht oder Neugier werden wir wacher, offener, aufnahmebereiter für unsere Umwelt. Mit einer Erhöhung der Dosis an empfundenen positiven Emotionen könnten wir innere Ressourcen aufbauen, die uns buchstäblich zu besseren Menschen werden lassen. Sie spricht von einem Gefühlshaushalt im Verhältnis von 3:1 an positiven Gefühlen im Verhältnis zu Kummer, Angst und so weiter. Dieses spiegelt sich in folgendem Vergleich wider:

„Unsere Seele funktioniert wie ein präzise gebautes Segelboot: Es lässt sich am besten lenken, wenn der Mast (der guten Gefühle) dreimal länger ist als der Kiel (der negativen Gefühlen), der dem Boot unterhalb der Wasserlinie die nötige Stabilität verleiht."

Was bedeutet dieses Denken für das Zusammenleben mit unseren Kindern?

Ich glaube, es kann durch eine höhere Zufuhr von positiven Emotionen gelingen, unsere Kinder nachhaltig zu einem glücklicheren Leben zu führen. In meiner Aufgabe als Lehrer versuche ich meinen Schülern auf ihrem Weg zu helfen: durch viele lustige, von Humor und Lebensfreude getragene Momente, durch das harmonische Leben in der Klassengemeinschaft, durch „Spiegeln", dass sie sich auf einem guten Weg befinden. Meine Schüler sollen erfahren, dass sie auch allen Grund haben, mit sich zufrieden zu sein und es ihnen hilft, das Leben mit Optimismus und Offenheit anzugehen.

Glücksfördernde Tugenden wie Humor, Optimismus, Gemeinsinn, Neugier, Lebensfreude und Interesse an anderen Menschen, von Eltern (oder auch Lehrern) vorgelebt, bewirken über das Phänomen der Spiegelneuronen glückliche Kinder. Davon bin ich überzeugt.

Das heißt aber nicht, dass nur positive Empfindungen dienlich sind. Trauer, Angst, das Verarbeiten von Misserfolgen, von Versagen gehören genauso zum Leben. Wir müssen dies mit ihnen gemeinsam tragen und reife Abwehrmechanismen entwickeln, welche den Kindern helfen, damit sie lernen, mit ihnen zu leben.

30 Eltern „verfolgen“ uns ein Leben lang

In der Pause eines Vortrags kam ein Vater zu mir und erzählte mir seine persönliche Leidensgeschichte: Er meinte, dass ich völlig Recht hätte, wie bedeutsam die Liebe der Eltern für das eigene Leben sei. Sein Vater sei ein Tyrann gewesen, ein unnahbarer Mensch, den er hassen würde. Als Kind konnte er ihm nichts Recht machen. Wenn er Schwierigkeiten bereitete, gab es wüste Beschimpfungen und auch Hiebe. Er hielt es zuhause kaum aus. Mit 18 Jahren hatte er seine Sachen gepackt und war ausgezogen. Seitdem pflege er im Grunde keinen Kontakt mehr. Er habe sich aber nach dem Auszug voll reingehängt, wohl auch um seinem Vater etwas zu beweisen, wie er meinte. Nach seiner Berufsausbildung hatte er über das Abendkolleg die Fachhochschulreife absolviert, um dann zu studieren. Mit dem Abschlussdiplom in der Tasche hatte er seine Eltern besucht, es dem Vater auf den Tisch gelegt und sei dann kommentarlos auf Nimmerwiedersehen verschwunden. Er war eigentlich über sich selbst entsetzt, dass ihm die Reaktion des Vaters völlig egal war. Für sein Leben mit seinen Kindern hat er sich fest vorgenommen, es besser zu machen.

Wenn ich mit Freunden oder Familienmitgliedern spreche, höre ich ähnliche Selbstoffenbarungen, wie sehr Eltern das eigene Leben prägen, im Positiven, aber leider auch im Negativen. Da hört man Sätze wie „Mein Vater hat mich noch nie gemocht“, garniert mit galligen Beschreibungen seiner Charakterschwächen. Vorwürfe werden laut, dass die Mutter sich nie richtig um einen gekümmert habe und die eigenen Leistungen seien nicht richtig wahrgenommen oder gar nicht gewürdigt worden, nach dem Motto: „Nicht geschimpft ist gelobt genug!“ So werde ich den Eindruck nicht los, dass unsere Eltern uns tatsächlich ein Leben lang im Hinblick auf unsere Selbstwahrnehmung „verfolgen“ und einen enormen Anteil an unserem Selbstwertgefühl tragen.

Ich empfinde mich diesbezüglich geradezu als privilegiert. Meine Mutter kümmerte sich liebevoll um uns. Ich betrachte mich als geliebtes Kind, das in der Pubertät viel „Rückenwind“ und Selbstvertrauen erfuhr durch den Stolz meines Vaters, den ich sehr wohl registrierte. Diese bedingungslose Akzeptanz und die Erfolge, vor allem im Sport, waren für meine Persönlichkeitsentwicklung in jungen Jahren extrem wichtig.

Tatsache ist wohl, dass sich viele Eltern ihrer nachhaltigen Wirkung gar nicht so bewusst sind. Es ist die Kunst von Eltern, ihren Kindern zu vermitteln, dass man sie als Person respektiert, sie anerkannt, sie liebt, und man grenzenlos stolz auf sie ist, so wie sie sind. **Es ist nie zu spät** diese Botschaft seinen Kindern zu vermitteln. Wenn man sich dabei wiederholt, kann das auch nicht schaden.

31 Das Beste für das Kind ist das Beste von einem selbst

Es ist die zentrale Frage für viele Eltern: Was ist das Beste für mein Kind? Ich denke, in der Superlativform „das Beste" steckt schon das Problem. Das Anspruchsdenken, Kindern das Beste zuzufügen, damit sie zu den Besten werden. Dieser Ehrgeiz, diese Erwartungen sind Gift für Kinderseelen.

Mir gefiel das Statement einer Schauspielerin in einer Talkshow. Es ging in der Diskussion darum, welche Erwartungen manche Eltern in unserer verrückten Welt an ihre Kinder hätten. Sie meinte nur ganz ruhig:

„Ich habe nur eine Erwartung an mein Kind: ATME!"

Was dient einer gesunden Entwicklung von Kindern? Was hilft Kindern, stark zu werden und glücklich zu leben? Eine Antwort hört man oft: Starke Kinder brauchen starke Eltern. Aber was heißt schon, stark zu sein? Ich möchte mit dem Einfachsten anfangen:

„Sei einfach, wie du bist!"

Als Vater oder Mutter muss man keinen Persönlichkeits-Purzelbaum veranstalten, keine Kurse besuchen, keinen Erziehungsführerschein erwerben. Kinder binden sich an die Person, die da ist, ganz automatisch. Und, sie nehmen sie an, so wie sie ist. Es besteht Grund zu einer gewissen Gelassenheit.

„Das Beste für das Kind ist das Beste von dir."

Kinder leben von der Liebe der Eltern und lernen durch Nachahmung. **Eltern sind Vorbilder**. Ich behaupte: Eltern, die gesegnet waren als glückliches Kind leben zu können, die fröhlich, optimistisch und humorvoll sind, generieren fröhliche, optimistische und humorvolle Kinder. Ich provoziere gerne mit meiner Aufforderung: **„Lebe das glückliche Kind in dir!"**

Erziehung hat mit dem eigenen Selbst zu tun. Wenn man mit Kindern Probleme hat, sei es mit den eigenen oder als Lehrer in der Schule, sollte die erste Frage sein: **Was hat das mit mir zu tun, mit meinen eigenen Ansprüchen, mit meinen Erwartungen, meinen Zielen und Hoffnungen**? Ist es nicht **mein Problem**?

In Anlehnung an Jesper Juul denke ich, dass Eltern außerdem immer wieder aufs Neue den **Konflikt zwischen Integrität und Kooperation** für sich lösen müssen: Kinder brauchen Eltern, die ihre Bedürfnisse befriedigt sehen. Diese muss man aber erst einmal erkennen. Mit einem Baby ändert sich das Leben radikal. Aber es kann nicht sein, dass der Papa weiter sein Ding macht, während die Mutter in ihren Bedürfnissen darauf reduziert wird, sich mit ihrem Kind zu verbinden und die Herausforderung lebt, eine gute Mutter zu sein. Als Mutter muss man sehr wohl bald wieder seine sozialen Kontakte und Hobbys pflegen und auch die Möglichkeit haben, wieder in den Beruf einzusteigen. So denke ich ist die Zufriedenheit und **das Glück der Mutter** auch ein Recht des Kindes. Aber es hat ebenso ein Recht auf eine Bindung zum Vater, zur Oma, zum Opa. Die Mutter muss also nicht nur mit ihrem Kind kooperieren, sondern kann mit Recht die Kooperation anderer einfordern. Eltern müssen sich zur Kinderbetreuung im Grunde ein soziales Netzwerk aufbauen.

Am liebsten möchte ich Müttern und Eltern zurufen: **„Lebt!"** Bedenkt eure Vorbildwirkung. Lebt glücksfördernde Tugenden: Humor, Toleranz, Zivilcourage, Gemeinsinn. Kümmert euch um andere, tut anderen Gutes, seid optimistisch. Verbannt Neid, Dünkel und die Geringschätzung anderer aus eurem Leben. Lebt Leidenschaft und Begeisterung für Hobbys, für Kreativität, für Freunde, für all die Dinge, die euch wichtig sind. All das wirkt sich über die Spiegelneuronen positiv auf eure Kinder aus. Vieles von dem, was in euch lebendig ist, wird in ihnen lebendig.

Nichtsdestotrotz müsst ihr die Verantwortung annehmen, die Kinder mit sich bringen. Ihr müsst euch für sie Zeit nehmen: für Familienleben, fürs Spielen, Kuscheln, Vorlesen, Urlaub und, und, und.

Und zu dem Besten von uns gehört **Vertrauen**. Mir gefällt, was Gerald Hüther dazu schreibt.

(Was wir sind und was wir sein könnten, S. Fischer Verlag, 2011)

Kinder könnten besser leben, „wenn allen Kindern also das geboten würde, was alle Kinder und auch alle Erwachsene mehr als irgendetwas anderes brauchen: VERTRAUEN." – „Deshalb brauchen alle Kinder enge Beziehungen zu Menschen, die ihnen Sicherheit bieten und ihnen nicht nur sagen, sondern selbst vorleben, worauf es im Leben ankommt." – „Und ihnen auf diese Weise Orientierung bei der Entdeckung ihrer eigenen Möglichkeiten zur Gestaltung ihres Lebens bieten." – „ Dieses Vertrauen muss während der Kindheit auf drei Ebenen entwickelt werden:

- Als Vertrauen in die eigenen Möglichkeiten, Fähigkeiten und Fertigkeiten zur Bewältigung von Problemen,
- Als Vertrauen in die Lösbarkeit schwieriger Situationen gemeinsam mit anderen Mensch und
- Als Vertrauen in die Sinnhaftigkeit der Welt und das eigene Geborgen- und Gehaltensein in der Welt.

Was Kinder also stark und offen macht, hängt von der Stärke und Offenheit der Erwachsenen ab, unter deren Obhut sie aufwachsen."

Vertrauen in die eigene Wirksamkeit und den natürlichen Reifeprozess seiner Kinder entwickeln.

Vertrauen müssen wir in vielfacher Hinsicht:

Vertrauen in die Tatsache, dass **wir einen enormen positiven Einfluss auf unsere Kinder besitzen** und dass alles Gute, was wir ihnen antun, von ihnen angenommen wird und zu ihrer Entwicklung und ihrem Lebensglück beiträgt.

Das **Vertrauen** ist gerechtfertigt, dass unsere Kinder in ihrem tiefen Inneren **ein genetisches, biologisches und neurologisches Programm** besitzen, das ihnen behilflich ist, sich in einem von selbst ablaufenden Reifeprozess zu glücklichen, erfolgreichen Menschen zu entwickeln, wenn es von entsprechenden Impulsen der Eltern und der Umwelt aktiviert wird. In diesem Sinne stehe ich dem Riesenaktionismus skeptisch gegenüber, der von vielen Pädagogen verbreitet wird. Die Erziehung der Kinder, ich persönlich spreche lieber vom Leben mit den Kindern, weil diese Wendung eher die gebotene Symmetrie in der Beziehung beinhaltet, ist viel einfacher als es oft dargestellt wird: Das Leben mit Kindern beruht nicht so sehr auf einem kognitiven Konstrukt von richtiger Förderung, dem richtigen Stil, optimalen Timings von Fördern und Fordern, von Lob und Konsequenz, wie einem so mancher Ratgeber suggerieren möchte.

Wir Eltern müssen das **Vertrauen** gewinnen, **dass unsere Kinder** in ihrem Leben **ihr Ding machen.**

Eine Freundin hat nach langem Kampf ihren krebskranken Mann verloren, mit dem sie seit ihrer Jugend eine tolle Beziehung gelebt hat. Trotz ihrer Trauer hat sie aber nicht die Freude am Leben verloren. Sie freut sich an so vielen Dingen, einem schönen Essen, einer tollen Wanderung in den Bergen, an ihren Schulkindern und ihren beiden erwachsenen Töchtern. Es ist phänomenal, wie sie immer wieder das Leben von der sonnigen Seite sieht. Ich konfrontierte sie mit meiner These, dass sie offensichtlich das glückliche Kind in sich weiterlebt. Sie meinte, das könne durchaus sein. Ich wollte wissen, wie es ihre Eltern geschafft hätten, sie zu so viel Lebensfreude zu führen. Sie erzählte, sie sei Einzelkind und besonders das Verhältnis zu ihrem Vater sei toll gewesen. Er habe am Wochenende immer etwas mit ihr unternommen. Das habe sie sehr genossen und wann immer Schwierigkeiten im Leben auftauchten, habe er gesagt: „Du machst das schon!" Sie habe auf Anraten der Grundschullehrerin aufs Gymnasium gehen sollen. Die Eltern, selbst keine Akademiker, hätten das gefördert, aber immer mit dem Rat: „Du musst das nicht. Wenn es dir zu viel wird, gehen wir einen anderen Weg!"

In dieser Mischung aus Vertrauen in die Stärke des Kindes und der Eigenschaft, keinen Druck aufzubauen liegt offensichtlich der Schlüssel für ihre positive Entwicklung.

So denke ich, dass ein wichtiger Baustein für mein persönliches, in jungen Jahren mühsam aufgebautes Selbstbewusstsein der spürbare Stolz meines Vaters war. Das war einerseits ein Segen, aber auch ein Fluch, da ich mir nie sicher war, ob dieser im Falle von Misserfolgen oder Versagen nicht kippen könnte. Ich wollte meinen Vater schließlich nicht enttäuschen.

Wir müssen auch Vertrauen darin haben, dass ein „Nein, das darfst du nicht!" oder „Nein, das geht jetzt nicht!" unseren Kindern schadet, im Gegenteil. Sie brauchen klare Positionen der Eltern, die nicht immer begründet werden müssen. Man muss nicht alles ausdiskutieren. Oft genügt ein einfache Aussage: „Das will ich nicht." Das dient ihrer Orientierung. Alle gelebten Werte führen zu einem Leitsystem für ihr eigenes Handeln.

Daher müssen wir aufrecht Überzeugungen und Haltungen leben.

Das Leben mit Kindern ist vor allem das Leben von Gemeinschaft, Lebensfreude und positiven Emotionen. Das ist der Stoff, aus dem Glück geschmiedet wird. Dennoch sollten wir das Leben nicht blind emotionsgesteuert gestalten. Wir brauchen genauso das Bewusstsein für all die Dinge, welche im Leben und für die Entwicklung unserer Kinder bedeutungsvoll sind: Wir müssen bedenken, dass unsere Kinder vor allem zu starken Persönlichkeiten reifen sollen und dass wir ihnen Werte und Tugenden vorleben müssen. Es gilt optimistisch zu sein, dass sie schulisch und beruflich viele Möglichkeiten besitzen. Wir sollten uns auch der Gefahren unserer kranken Konsum- und Medienwelt bewusst sein und ihnen Abwehrmechanismen vermitteln.

Es geht nur mit Gelassenheit und Optimismus.

Meine Tochter war 16 und rief an. „Ich übernachte heute bei meinem Freund." – Ich dachte: Meine Güte, warum musste ich an den Apparat gehen? Für Sexualität, Verhütung und diese Dinge ist doch eher meine Frau „zuständig", wieso bin ausgerechnet ich jetzt am Hörer? Was soll ich dazu sagen? Spontan meinte ich: „Ich sage dir eins, ich zahle Kind oder Studium, entscheide dich jetzt!"

Sie konterte natürlich: „Mei Papa, was meinst du denn, ich bin doch schon groß."

Dies war für mich ein wirklicher Now-Moment. Darunter versteht man eine Situation, in der sich etwas radikal verändert. Es war ein Augenblick, der Sorgen in Vertrauen ummünzte – geradezu magisch.

Die Geschichte zeigt außerdem drei Dinge, die für mich im Leben mit Kindern bedeutsam sind. Zum einen, dass **Humor** über so manche Hürde hilft, dass man gar nicht genug Humor in das gemeinsame Leben bringen kann. Darüber hinaus, dass es in der Beziehung zu den Kindern vor allem um **Vertrauen** geht und der Schlüssel dazu **offene Kommunikation** ist.

Ich ging nach diesem Gespräch wirklich gelassener mit der Frage der Verhütung und der Sexualität unserer Tochter um. Es ging in der ganzen Sache mehr um meine Verunsicherung und meine Ängste als um den Zweifel, dass sie das nicht im Griff haben könnte. Also: Die Probleme mit Kindern sind oft die eigenen und nicht die der Kinder. Deshalb sollte man immer mal wieder eine „Nabelschau" betreiben und sich fragen, wo das Problem liegt und wer es eigentlich hat.

Später studierte meine Tochter Germanistik. Freunde äußerten sich immer wieder skeptisch: „Auf was läuft das hinaus? Was wird man damit? … arbeitslos?" Das war nervend und hat mich verunsichert. Eines Tages äußerten wir ihr diese Bedenken. Sie erwiderte: „Ich weiß das. Mir geht es dabei auch nicht besonders gut, aber ich bin mir sicher, das wird schon werden."

Mir war klar, es ist ihr sehr wohl alles bewusst. In einem Praktikum konnte sie mit ihrer Persönlichkeit und ihrem Engagement punkten und bekam einen tollen Job, den sie mit Leidenschaft ausfüllt und der sie glücklich macht.

Ohne Vertrauen geht es nicht.

5. Kapitel: Was können Eltern wirklich tun damit ihre Kinder stark werden und glücklich leben

32 TO-Dos für Eltern – eine Auflistung

Am Ende von Vorträgen fasse ich die wesentlichen acht Punkte für ein Leben mit Kindern zusammen:

1. Was starke Kinder kennzeichnet:

Starke Kinder

⇒ ...sind gut **gebunden.**

⇒ ...sind **unbekümmert, vital, begeisterungsfähig, lachen viel.**

⇒ **...sind** kompetent: „Checker“, Experten

⇒ ...**sind voller Entdeckerfreude:** Sie wollen etwas können. Sie lernen durch Bewältigung von Herausforderungen und Problemen.

⇒ ...**besitzen Persönlichkeit**: Sie werden getragen von einem gesunden Selbstwertgefühl und verfolgen eigene Interessen.

⇒ **...leben Glück**: Sie sind sozial eingestellt und „können gut“ mit anderen Menschen. Sie fühlen sich mit anderen Menschen verbunden, stecken sich Ziele und wachsen an Herausforderungen.

2. Kindern das geben, was sie brauchen

Eltern könnten Kindern das geben, was sie brauchen: Die sieben B-Faktoren: Bindung, Beziehung, Bewegung, Begeisterung, Bildung, Bewusstsein und viel Bullerbü im Leben. (nähere Erläuterungen siehe S. 123f.)

Ansonsten brauchen Kinder Eltern, die ihnen Führung und Orientierung gewährleisten. Kinder lernen durch Nachahmung. Eltern sollten positive Modelle sein, die nachhaltig wirken. Eltern sollten ihre Kinder als gleichwürdige Personen sehen, die kompetent und kooperativ sind. Die stabile Stellung der Kinder im Leben hängt davon ab, **wie Eltern die Beziehung zu ihren Kindern gestalten** und wie sie mit der ihnen obliegenden Macht umgehen. Daraus resultiert, wie Kinder sich entwickeln: wie offen, begeisterungsfähig, wie selbstbewusst und sich selbst wertschätzend sie werden. Kinder brauchen vor allem eins: emotionale Sicherheit im Kreise ihrer Familie als Grundlage eines gelingenden Lebens, im Grunde ganz einfach: Liebe.

Und Kinder brauchen Herausforderungen, die in Erfahrungen münden, an denen sie wachsen können. Eltern müssen ihre Kinder rechtzeitig loslassen, damit sie entsprechende Erfahrungen sammeln können. Kinder sind voller Entdeckerfreude und Begeisterungsfähigkeit. Diese müssen sie ausleben können. Ihr Hirn wächst, formt sich aus mit allem, das es **mit Begeisterung tut**, wie Gerald Hüther betont. Und unser **Hirn ist ein Sozialorgan**. Kinder begeistern sich vor allem für andere Menschen, für Freunde, Familienmitglieder, mit denen sie sich verbunden fühlen wollen.

3. Erziehung – im Grunde eine einfache Sache

Erziehung ist eigentlich nicht kompliziert und bedarf der liebevollen Zuwendung der Eltern und anderer Personen, die Beziehungen zum Kind leben. Und Opa, Oma, ein Netzwerk an gleichgesinnten Freunden mit oder ohne Kinder, die ebenfalls die Kinder begleiten, ihnen liebevoll zugewandte Nachbarn, können für Kinder segensreich sein. Außerdem stellt sich die Frage, ob wir grundsätzlich nicht eine positivere Gesinnung Kindern gegenüber zeigen sollten.

4. Kindern eine glückliche Kindheit ermöglichen

Kinder haben ein Anrecht auf eine glückliche Kindheit. Es kann und darf nicht sein, dass sie in unserer verrückten Wettbewerbs- und Selektionswelt vor allem funktionieren müssen. Eine **glückliche Kindheit leben** bedeutet sich mit anderen verbunden fühlen, an Herausforderungen wachsen und langfristig sich Ziele stecken, die man mit Begeisterung anpackt. Kinder fördern heißt demnach, im Laufe der Zeit das zu entdecken und zu fördern, was die Stärke des Kindes ausmacht. Es gilt, **die Stärken zu verbessern** und weniger das Kind als defizitäres Mängelwesen zu sehen, dessen Schwächen ausgemerzt werden müssen.

5. Leben mit Kindern – alles eine Frage der Haltung

Das Leben mit Kindern wird stark davon geprägt, **welche Haltung Eltern leben**. Das ist auch eine Frage, inwieweit sie die Verantwortung leben, die Kinder mit sich bringen, wie viel Zeit sie bereit sind aufzuwenden, um sich zu kümmern, inwieweit sie hedonistische Bedürfnisse zurücksetzen und sich die Zeit nehmen, um ihre Kinder achtsam, einfühlsam und liebevoll zu begleiten. **Eltern haben die Wahl**, ob sie all den Konsum und Wohlstandsrummel mitmachen, ob sie zum Leidwesen ihrer Kinder der radikalisierten Arbeitswelt erliegen wollen, in der es um Leistung, Wettbewerb und Selektion geht. Sie haben die Wahl für sich die Frage zu klären, worum es im Leben geht: um Haben oder Sein, um Schein oder Sein? Es ist außerdem auch eine Frage der inneren Einstellung, wie sehr man dem Medienhype unterliegt, dieser Dauerberieselung aus jeder Ecke, zu jeder Tages- und Nachtzeit. Es ist somit auch eine Frage von Stärke, Nein sagen zu können oder das zu lernen.

Eltern haben die Wahl, ob sie wie ein Hamster im Käfig Opfer des Laufrads unseres Lebens werden: eines Lebens voller Turbo, Opfer dieses Förder-, Jugend- und Schönheits-Hypes, Opfer dieser Leistungsansprüche, – oder zu entschleunigen und genügsamer zu leben. Der Fokus sollte insbesondere nicht darauf liegen, dass unsere Kinder in all diesem Irrsinn funktionieren, sie sollen vor allem eine glückliche Kindheit leben können.

6. Ohne Vertrauen geht es nicht

Letztlich ist die Haltung zum Leben mit Kindern auch eine Frage von **Vertrauen** in die positive Entwicklung der Kinder, Vertrauen, dass alles Gute, das man seinen Kindern zukommen lässt, sich nachhaltig positiv in ihrem Leben auswirkt. Vertrauen, dass Eltern tatsächlich die Sonne im Leben ihrer Kinder sein können, wenn sie ihnen das Leben von seiner schönsten Seite vorleben. Vertrauen auch in dieses Land, das so viele Möglichkeiten offen hält.

Entsprechende Gelassenheit ist angebracht: Kinder werden zu dem, was Eltern ihnen vorleben. Entscheidend ist, wie sie die Beziehung zu ihren Kindern gestalten. Kinder werden wie ihre Eltern und: Dieses Land braucht jedes Kind. (nähere Erläuterung siehe S. 46.f.)

7. Gelassenheit ist angebracht

Es gibt reichlich Anlass für Gelassenheit im Leben mit Kindern:

1. Kinder sind kompetent und kooperativ. Sie sind neugierig und lernwillig. Sie entwickeln sich aus sich selbst heraus. Wir müssen nur Vertrauen haben in ihren Werdegang.

2. Der Glaube in die eigene Wirksamkeit ist berechtigt. Kinder suchen Bindung, egal wie Eltern strukturiert sind. Nehmen wir uns Zeit für unsere Kinder, legen wir die Grundlage für eine gesunde Entwicklung. Wir müssen gar keinen Aktionismus in Form von Fördermaßnahmen entwickeln. Wir sind Vorbilder und Kinder werden das Vorgelebte verinnerlichen.

3. Es gibt allen Grund dafür, in der Entwicklung der Kinder Geduld zu haben: Alle lernen laufen, schwimmen, Radfahren, werden die Schule meistern und ihr Leben in den Griff bekommen. Aufgrund des unterschiedlichen Timings in den Entwicklungsphasen ist es unser Problem, den Kindern Zeit zu lassen.

4. Der Glaube an die Zukunft ist berechtigt:

Das Problem liegt nicht bei den Kindern, sondern in der Regel bei den Eltern: Bei ihren Sorgen, Ängsten, Erwartungen, Hoffnungen, bei all ihren eigenen Schwächen. Wenn es um die Kinder geht, fangen wir also bei uns an! Im Grunde ist es ganz einfach.

Starke und glückliche Kinder – eine To-Do-Liste für Eltern

1. **Seine Kinder lieben**, kuscheln, verwöhnen, mitfühlen, trösten, zuhören, vorlesen,

2. Verantwortung übernehmen

...für die Beziehung zu den Kindern (Jesper Juul)

...für die Art und Weise der Kommunikation (eine persönliche Sprache lernen)

...für die Rahmenbedingungen, unter denen Kinder aufwachsen

...für die Chance, dass Kinder eine gute Beziehung zu Lehrern entwickeln können

...für Erfahrungen und Herausforderungen, an denen Kinder wachsen

...für die Förderung und Erziehung der Kinder

3. **Familie leben**, gemeinsame Mahlzeiten, (keine Krisengespräche beim Essen), Feste feiern, Familie besuchen, gemeinsam schwimmen gehen, Rad fahren, Bergtouren unternehmen, Kanu fahren, basteln, kochen, spielen (ein Eldorado für Väter), in Urlaub fahren, und so weiter

4. **Loslassen**

5. Freunde der Kinder in unser Leben integrieren

6. Mehr Bullerbü im Leben unserer Kinder, mehr freies Spielen in der Natur

7. **Bildung ermöglichen**, das heißt die Chance gewährleisten, Selbstwert, Selbstvertrauen und Persönlichkeit zu entwickeln.

8. Glück leben bedeutet ein Leben voller Lachen, Humor und Zuversicht

9. Gelassenheit und Vertrauen vorleben, denn „Angst frisst Seele auf!"

33 Rahmenbedingungen für eine gesunde Entwicklung der Kinder schaffen

Kinder werden zu dem, was ihr Umfeld aus ihnen macht. Somit liegt es in der Verantwortung der Eltern, diese entsprechend zu gestalten. Das beginnt schon mit den äußeren Gegebenheiten. Kinder sollten ein **schönes Zuhause** haben, ein eigenes Zimmer oder zusammen mit einem Geschwister. In einem kühlen, dunklen Zimmer lässt sich besser schlafen. Außerdem ist natürlich die Anschaffung von guten **Spielsachen** eine Selbstverständlichkeit. Dabei ist zu beachten, dass man nicht zu viel Plastik erwirbt. Man muss daraus aber keine „Religion" machen und Spielzeug bis ins letzte auf die gesundheitliche Verträglichkeit untersuchen oder grundsätzlich nur Holzspielsachen kaufen. Ein Problem scheint mir zu sein, dass man zum einen viel zu viel kauft, Kinder regelrecht mit Spielsachen zuschüttet und insbesondere vieles viel zu früh. Es ist gar nicht so leicht, ein richtiges Timing zu finden und es schadet auch nicht, dass sich ein Kind gedulden muss bis es ein heißgeliebtes Spielzeug nach längerem Warten endlich bekommt.

Kinder sollten **genügend Schlaf** bekommen. Viele Eltern sind mit ihren Grundschulkindern im Sommer auch während der Woche abends lange unterwegs. Da muss man sich schon fragen, wessen Bedürfnisse Vorrang haben. Kindergartenkinder benötigen etwa 11 bis 13 Stunden Schlaf, für Sieben- bis 13-Jährige werden zehn bis elf Stunden empfohlen. Tatsache ist, dass jedes vierte Grundschulkind in Deutschland zu wenig Schlaf bekommt. Mangelnde Aufmerksamkeit, Antriebslosigkeit, Rastlosigkeit oder Essstörungen sind mögliche Folgen. Im Übrigen ist ein **festes Zubettgeh-Ritual**, Balsam für die Kinderseele. Diese Zeit kann genutzt werden für Gespräche, für Geschichten und für Vorlesen. Alle Entwicklungspsychologen, Hirnforscher, Medienpädagogen und Soziologen sind sich einig: **Vorlesen ist enorm wichtig für die kindliche Entwicklung**, eigenständiges Weiterlesen ebenfalls. Vielleser haben eine enorm größere Chance auf höhere Bildung. Kinder, denen viel vorgelesen wird, wissen mehr, verstehen die Welt besser und sind empathischer, das heißt sie sind besser darin, sich in andere Menschen und Wesen hineinzufühlen. Darüber hinaus entwickeln sie einfach mehr Fantasie. Im Übrigen nehmen Vorlese- und Lesezeiten dem Tag die Hektik und entschleunigen ungemein. Vielleicht sollten auch Papa und Mama sich aus diesem Grund regelmäßig Leseauszeiten gönnen und bedenken, dass sie ja diesbezüglich Vorbilder sind. Es schadet wirklich nicht, die Glotze öfter mal auszuschalten.

Noch bedeutsamer ist eine **gesunde Ernährung** für Kinder. Ich fürchte, wir bekommen amerikanische Verhältnisse mit einer enormen Zunahme an übergewichtigen Kindern. Bei Drei- bis Siebenjährigen soll ihr Anteil in Deutschland bereits bei 15 Prozent liegen. Erschreckend auch die Zahlen für die Elf- bis 17-Jährigen. Hier leiden mehr als 20 Prozent an einer Essstörung. Das kann Fettleibigkeit, aber auch Magersucht oder Bulimie sein. Dabei ist eine **gemeinsame Mahlzeit in der Familie** ohne zeitliche Sonderregelung für einzelne Familienmitglieder sogar bildungsfördernd, wie Studien belegen. Mit Erstaunen las ich bei Joachim Bauers Buch „Lob der Schule" (Hoffmann und Campe, 2007 S. 100), dass es wissenschaftlich erwiesen sei, dass zu Hause mit den Eltern eingenommene Mahlzeiten sich positiv auf den Bildungserfolg von Kindern und Jugendlichen auswirken. Ganz abgesehen davon, dass selbst Gekochtes viel gesünder ist. Bauer meint, dass es dabei um mehr als um die Abfütterung der beteiligten Personen geht. „Wo man es sich gemeinsam schmecken lässt, kommen die wichtigsten Eigenschaften ins Spiel, die den Menschen zum Menschen machen: Freude an Geselligkeit, Erleben von Zusammenhalt, Sehen und Gesehen werden, wechselseitige Anteilnahme, Miteinander-Teilen, Miteinander-Sprechen." – „Kinder, die mindestens siebenmal in der Woche mit Familienangehörigen essen, haben – wie sich in einer Studie zeigte – gegenüber Kindern, die dies nur zweimal oder noch seltener tun, signifikant bessere Schulnoten; außerdem weisen sie ein niedrigeres Drogenrisiko und eine signifikant bessere Allgemeinverfassung auf." Ist das nicht erstaunlich?

Ansonsten sollte gelten: keine Snacks vor dem Essen, Fast Food und Süßes gibt es nur als Belohnung und in Maßen. Im Übrigen verbindet gemeinsames Kochen ungemein und kann richtig Spaß machen. Außerdem lernen Kinder, selbst Gerichte anzufertigen, was in der heutigen Zeit keine Selbstverständlichkeit ist. Es ist ein großer Verdienst meiner Frau, dass unsere beiden Kinder wirklich gerne kochen.

Eine Ursache für körperliche Defizite der heutigen Kinder ist, dass sie sich einfach zu wenig bewegen. Das liegt zum einen an der pädagogischen Käfighaltung so mancher überängstlicher Eltern, die Kinderzimmer zu goldenen Käfigen werden lassen. Aber Klettern, Gleichgewicht halten, Balancieren oder Rennen erlernen Kinder nur draußen, und vor allem ohne Aufsicht durch Mama oder Papa. Es ist erschreckend, dass sich die Bildschirmzeit im Leben von Kindern in den vergangenen 20 Jahren verdoppelt hat. Im Kapitel „Mehr Bullerbü im Leben von Kindern" bin ich näher auf den Wert des Spielens im Freien eingegangen (S.156). Ansonsten gilt von klein auf: Gemeinsam mit den Kindern die nahe Umgebung erkunden, den Wald, die Felder und Wiesen, zu Fuß zum Kindergarten oder zur Schule gehen und dabei sichere Verhaltensweisen einüben. Wenn die Kinder raus gehen sollte man auf klaren Absprachen bestehen: „Wo bist du wann unterwegs", „Und mit wem?". Kinder müssen lernen, sich an Absprachen zu halten und Eigenverantwortung zu übernehmen. Und die Mamas und Papas müssen lernen, ihre Kinder rechtzeitig loszulassen und den Kontrollzwang abzulegen.

Ansonsten gehört es zu guten Rahmenbedingungen, Kindern das zu geben, was sie brauchen: Die Bedeutung der Bindung in der Familie wurde angesprochen (siehe S. 57f.). Bedeutsam sind Gespräche und wie Eltern diese gestalten (siehe Seite 147f.). Ich habe Tipps zur Erziehung von Kindern gegeben (siehe S.150f.) und ausgeführt, wie Eltern ihre Kinder nachhaltig fördern können (siehe S. 154f.). Außerdem ist zu klären, wie viel Raum Eltern dem Vormarsch der elektronischen Medien im Leben ihrer Kinder geben sollten (siehe S. 160 f.).

Es liegt in der Verantwortung von Eltern, gute Rahmenbedingungen für die Entwicklung der Kinder zu schaffen. Aber, man sollte mit manchem warten, bis Kinder sich etwas wirklich wünschen, bis es ein echtes Anliegen oder Bedürfnis ist. Ich habe den Eindruck, dass viele Eltern ihren Kindern manches ermöglichen wollen, weil sie diese Fördermaßnahmen schick finden oder andere das auch dürfen. So springt man von Kurs zu

Kurs, karrt Kinder von Fördermaßnahme zu Fördermaßnahme. Dabei haben Kinder oft gar keinen „Hunger“ danach und sind vor allem eins: „satt“ von all dem Hype.

34 Familie leben

Den Wert und die Bedeutung der Familie kann man nicht hoch genug einschätzen. Die „**familiäre Nestwärme**“, das damit einhergehende Gefühl der Geborgenheit, die Verbundenheit mit den Eltern geben uns die emotionale Sicherheit, die uns durch das Leben trägt. Und es ist phänomenal: **Kinder wollen ihre Eltern lieben.** Selbst die Kinderseelen, die auf das Übelste von ihren Eltern verletzt wurden, sehnen sich nach Mama. Außerdem gibt es dem Leben Sinn und Bedeutung, Kinder zu haben. Die Kehrseite der Medaille: Es bedeutet **Kümmern, Zeit aufbringen, Verantwortung übernehmen**. Wofür tragen Eltern entsprechende Verantwortung? Sicherlich für die Rahmenbedingungen unter denen Kinder aufwachsen, für die Beziehung zu ihren Sprösslingen. In der Regel ist es so, dass die Mutter die Bezugsperson für die emotionalen Dinge ist und der **Papa** sich einbringt als „Nachtschwester“, Mitspielender beziehungsweise Tobender. Das kann aber auch ganz anders aussehen. Papa/Kinder-Zeiten sind anders als Mama/Kinder-Zeiten. Es ist so wohltuend und nachhaltig fördernd, dass heutige Kinder die Generation sind, deren Väter da sein wollen und auch da sind. Joachim Bauer schreibt dazu in seinem Buch „Lob der Schule“ (Hoffmann und Campe, 2007): „Es ist erstaunlich, wie schwer Väter sich damit tun, zu erkennen, dass ihre Kinder (insbesondere ihre Söhne) sie brauchen – mehr noch, dass sie Selbst die Bindung zu ihren Söhnen brauchen, dass sie diese bereichern und ihnen mehr geben können, als sie vermuten“ (S. 101). Die „modernen“ Männer täten gut daran, die familiäre Fürsorge und Verantwortung als Teil ihrer männlichen Identität zu begreifen. Das Problem ist, dass Intuition, Einfühlungsvermögen und emotionale Resonanz nicht zu den starken Seiten von Männern gehören und, dass sie für diese erweiterte männliche Rolle keine adäquaten Vorbilder besitzen.

Familie leben bedeutet außerdem, **Unternehmungen** anzugehen, zum Beispiel in Form von gemeinsamen Freizeitaktivitäten: schwimmen gehen, Kanu- oder Rad fahren, Bergtouren unternehmen, basteln, kochen, in den Urlaub fahren, ein Baumhaus bauen oder einfach nur spielen. Zu Familie leben gehört natürlich auch der Besuch bei Verwandten und die Pflege des Kontakts zu **Opa und Oma**, die man ruhig in Sachen Kinderbetreuung einspannen kann. Zum Familienleben gehören weiterhin die gemeinsame **Planung und Organisation von Familienfesten**. Daran darf man Kinder sofort mit einbeziehen: Gemeint sind Tätigkeiten wie Kochen, den Tisch decken, Speisen verteilen.

Es versteht sich von selbst, dass bei diesen Essenzeiten Medien wie Fernsehen, Handy und Computer ausgeschaltet sein sollten. Aber was ist heute noch selbstverständlich? Außerdem sollten diese Essenzeiten als Zeiten des familiären Friedens „heilig“ sein. Bemühen Sie sich wirklich diese Momente nicht für Gespräche über schlechte Noten, Schulversagen, Nachlässigkeiten der Kinder zu missbrauchen. Das verdirbt einem nur den Appetit; Kindern wie Eltern. Vereinbaren Sie lieber mit ihren Kindern eigene Zeiten für (Krisen)-Gespräche, um in Ruhe schwierige Dinge zu klären und Vereinbarungen zu treffen. Abendstunden sind dafür gut geeignet. Selbst fast erwachsene Kinder werden es genießen, vor dem Zubettgehen ein vertrauensvolles Gespräch mit Mama oder Papa zu führen.

Ansonsten muss man natürlich seine Vorbildwirkung bedenken. Bemühen Sie sich wirklich um Ausgelassenheit, Lebensfreude in ihrer Familie. Lachen Sie, wann immer es etwas zu lachen gibt und nehmen Sie Dinge mit Humor. Familiäres Glück ist das, was Eltern vorleben. Einige glückfördernde Tugenden seien nochmals aufgezählt: Optimismus, für andere da sein, sie unterstützen, ihnen helfen, anderen Nettes geben, aufmerksam sein, einen höflichen Umgang pflegen, Komplimente machen, Dankbarkeit zeigen, nicht egoistisch, sondern altruistisch leben.

Mir gefallen diesbezüglich folgende Zeilen eines unbekannten Verfassers. Nach einem meiner Vorträge wollte eine Mutter sie unbedingt haben, um sie als „Denkzettel“ an den Kühlschrank zu hängen.

Zum Nachdenken:

Wächst ein Kind mit Kritik auf – lernt es zu verurteilen!

Wächst ein Kind mit Hass auf – lernt es zu kämpfen!

Wächst ein Kind mit Spott auf – lernt es, scheu zu sein!

Wächst ein Kind mit Schmach auf – lernt es, sich schuldig zu fühlen!

Wächst ein Kind mit Toleranz auf – lernt es, geduldig zu sein!

Wächst ein Kind mit Ermutigung auf – lernt es, selbstsicher zu sein!

Wächst ein Kind mit Lob auf – lernt es, dankbar zu sein!

Wächst ein Kind mit Aufrichtigkeit auf – lernt es, gerecht zu sein!

Wächst ein Kind mit Sicherheit auf – lernt es, zuversichtlich zu sein!

Wächst ein Kind mit Anerkennung auf – lernt es, sich selber zu schätzen!

Wächst ein Kind mit Güte und Freundlichkeit auf – lernt es, die Welt zu lieben!

35 Zuhören, im Gespräch bleiben: Entwicklung einer persönlichen Sprache

Vom ersten Tag an ist die Kommunikation das verbindende Element mit dem Kind. An der Art der Kommunikation erkennt man die Qualität der Beziehung: wie empathisch, wie verständnisvoll, im Grunde wie liebevoll Eltern mit ihrem Kind umgehen. Kommunikation ist ein spannendes Wissensgebiet. Dabei ist insbesondere interessant, dass 80 Prozent der Kommunikation nonverbal, das heißt ohne den Austausch von Worten erfolgt: Blicke, das Auftreten, das Aussehnen, die Körpersprache, die Körperhaltung, Ausstrahlung, Persönlichkeit, unser Gesichtsausdruck, Lächeln, kleine Berührungen, so etwas, wie der erste Eindruck sind extrem bedeutsam. Und wir kommunizieren ständig, immer. Der Kommunikationsforscher Paul Watzlawick stellt fest: **„Man kann nicht nicht kommunizieren."** Ich habe ihn schon mit seiner Erkenntnis zitiert, dass es keine objektive Wahrheit gibt. Wir denken viel zu sehr, dass Menschen oder unsere Kinder ihr Verhalten ändern, weil wir ihnen Ratschläge geben oder ihnen Belehrungen erteilen. Diese bringen aber oft nichts, weil in der Regel nur Einsichten, beziehungsweise selbst entwickelte Erkenntnisse und Überzeugungen ihr Verhalten steuern. Ich persönlich bevorzuge es, dass Schüler etwas aus Einsicht tun und nicht deshalb, weil ich es als „Chef" anordne. Das Gleiche gilt im Umgang mit meinen eigenen Kindern. Es geht nicht um Befehl und Gehorsam. Kinder gehorchen dann, wenn sie gut gebunden sind und die Beziehung stimmt.

Ich erinnere mich noch an die Zeiten der Pubertät unserer Kinder. Es wurde ein regelrechtes Hobby, sich mit Freunden auszutauschen und entsprechend über das Verhalten der Kinder zu lästern. Da konnte jeder Storys beitragen und wir suhlten uns regelrecht in unserem Leidensdruck. Irgendwann bekam ich ein schlechtes Gewissen. Ich dachte mir: „Was machen wir hier eigentlich, wir mobben unsere eigenen Kinder."

Seit Längerem unterlasse ich **Lästern** über andere. Provozierend sage ich manchmal:

„Was Hans über Hänschen sagt, sagt mehr über Hans als über Hänschen."

Es gehört zu einem der größten Fehler, dass Menschen viel zu viel über andere reden.

Man sollte mehr **mit Menschen sprechen als über sie.**

Überhaupt bauen wir enorme **Kommunikationsblockaden** auf. Dazu gehören:

1. Moralische Urteile und Klischees, Sätze wie „Peter ist dumm und faul." oder „Hauptschüler taugen nichts."
2. Vergleiche und Bewertungen wie „Schüler in Bayern sind viel klüger als die in NRW." oder „Der ältere Bruder ist viel intelligenter." Der weise Pestalozzi behauptet:
3. **„Vergleiche nie ein Kind mit einem anderen."**
4. Wir neigen dazu Verantwortung zu leugnen, indem wir Forderungen stellen, zum Beispiel: „Wenn du nichts tust, brauchst du dich nicht wundern" oder bei Lehrern recht beliebt: „Wenn du nichts lernt, musst du die Konsequenzen tragen. Dann fällst du durch." Damit wird gedroht und es werden Ängste geschürt. Solche Wenn-dann Botschaften sind fragwürdig.
5. Richtige **Beziehungskiller: Sätze mit „du" und „nie" oder „immer":** „Das wirst du nie kapieren!" – „Du machst nie, was ich dir sage!" – „Warum musst du immer alles falsch machen?"

Besonders spannend finde ich es, wie aus „Nichts" Beleidigungen, Rückzugsverhalten und Streitereien entstehen. Das läuft regelmäßig nach dem gleichen Strickmuster ab. Dahinter steckt die Erkenntnis, dass **wir auf vier Ohren hören**. Ein Beispiel:

Ich gehe in das Zimmer meines Sohnes und sage nur: „Da schaut es ja aus". Diese Aussage kann als sachliche Kritik verstanden werden, nach dem Motto: „Ich habe schon besser aufgeräumte Zimmer gesehen". Das wäre das erste Ohr, das Sachohr.

Man kann es auch als Aufforderung betrachten: „Räume (bitte) auf!" (Aufforderungs-Aspekt).

Drittens steckt dahinter eine Kritik: „Mir gefällt das Zimmer so nicht. Ich möchte, dass es schöner aussieht." Dahinter steckt eine Selbstoffenbarung in Form einer sogenannten Ich-Botschaft.

Problematisch wird es – und damit wird die Aussage oft zum Motiv für Irritationen und Streit – wenn man das vierte Ohr, den **Beziehungsaspekt** betrachtet: „Wir haben vereinbart, dass das Zimmer aufgeräumt werden muss. Ich habe dich darum gebeten. Warum befolgst du das nicht? Und mein Sohn im Grunde denkt und auch sagt: „Immer hast du was zu meckern, lass mich in Ruhe. Das ist mein Zimmer. Ich mache hier, was ich will."

Das Problem ist, dass viele dazu neigen, vor allem diesen letzten Aspekt zu sehen. Oft sind Aussagen gar nicht so gemeint. Spüre ich das, sage ich oft: „Das ist kein Vorwurf, das ist nur eine Feststellung".

Damit kommen wir zu dem Punkt, welche Form der Kommunikation beziehungsfördernd sein kann. Das ist natürlich die über das dritte Ohr, die **Selbstoffenbarung.** Indem man sich mit **Ich-Botschaften** in seinem Denken und seinen Bedürfnissen positioniert, überlässt man es anderen, aus freiem Willen ihr Verhalten zu ändern. Das nimmt Beziehungen die Hierarchie, beziehungsweise die Machtstruktur. Will man gleichwürdige Beziehungen leben, empfiehlt es sich, eine **persönliche Sprache** zu anzuwenden. Ich sage mittlerweile sehr viel und ganz bewusst: „Ich will." Und wenn es um das Erarbeiten eines gemeinsamen Weges geht, stelle ich Fragen: „Was willst du?", „Und was wollt ihr?" Es geht mir um Transparenz und Offenheit. Ich artikuliere meine Bedürfnisse, will die anderer erfassen, um dann einen gemeinsamen Weg zu finden. Das funktioniert.

So betrete ich zum Beispiel mein Klassenzimmer und sage: „Oh la, la, hier schaut es ja aus. Ich will, dass das Zimmer sauber ist." Ich sage ganz bewusst nicht: „Ihr räumt jetzt sofort auf" (Befehl) oder „Ihr haltet euch nie an die Regeln" (Vorwurf).

Ich habe gute Erfahrungen damit gemacht. Die Schüler räumen auf – weil die Beziehung stimmt.

Wichtig bei allen Formen der Kommunikation ist dabei der Tonfall. **„Der Ton macht die Musik",** heißt es ja so schön. Ich wundere mich manchmal, wie man mit einem **freundlichen Lächeln** auf den Lippen Schwächen anderer ansprechen kann, diese einsichtig reagieren und ihr Verhalten ändern.

Das beste Kommunikationsmittel, das sei hier erwähnt, sind gut getimte, in Ruhe geführte **Vieraugengespräche**, nicht zwischen Tür und Angel. Problemgespräche auf dem Flur mag ich nicht. Man sollte sich Zeit nehmen um sich in einer Sitzecke zu unterhalten. Mittlerweile betone ich das sogar: „Ich möchte darüber gerne **in Ruhe** mit dir sprechen. Wann hast du Zeit?"

Und das sei natürlich auch erwähnt: **Reden ist Silber, Schweigen ist Gold.**

Besonders in der Pubertät ist es gut, Moralpredigten zu unterlassen. Kinder wollen in dieser Phase keine Ratschläge. Es gilt: **Zuhören und hilfreiche Botschaften aussenden, die Vertrauen bekunden:** „Wenn du willst, dann kannst du"! – „Du hast dein Bestes gegeben, jetzt schau was passiert!" – „Es gibt Schlimmeres!" – „Das wird schon!" – „Ich weiß, du machst das schon!"

36 Kinder erziehen

Mit Babys und Kleinkindern leben

Im Folgenden möchte ich zahlreiche Erziehungstipps ausführen und zunächst konkretisieren, wie ein Leben mit Babys und Kleinkindern gestaltet werden kann. Ich beziehe mich dazu auf Martin Seligman. Er meint:

„Die erfreulichste unserer Aufgaben als Eltern ist, positive Emotionen und Eigenschaften in unseren Kindern aufzubauen – statt einfach nur die Kinder von negativen Emotionen zu befreien und negative Eigenschaften auszulöschen."

(Martin Seligman: Der Glücks-Faktor – Warum Optimisten länger leben, Bastei Lübbe Taschenbücher und Ehrenwirth Verlag, 2005)

Seligman gibt sieben konkrete Tipps, wie das erfolgen kann:

TIPP 1: Er empfiehlt, **Babys mit im Bett zu haben** und glaubt daran, dass dadurch die so bedeutsame sichere Bindung zwischen Kind und Eltern hergestellt wird.

„All dies mündet in die japanische Idee des Amai: ein Gefühl der Wertschätzung und die Erwartung, geliebt zu werden, die Kinder – ordentlich erzogen – erwerben." (S. 336)

TIPP 2: Er empfiehlt **Synchron-Spiele** mit Kindern im ersten Lebensjahr. Sie sind ganz einfach. Ein Beispiel, Seligman erzählt: „Haut die Tochter beim Essen auf den Tisch, hauen wir alle auf den Tisch. Sie blickt auf und haut dreimal auf den Tisch, und wir tun das Gleiche. Sie lächelt. Sie haut einmal mit beiden Händen, und wir tun es ihr nach. Sie lacht. Innerhalb einer Minute biegen wir uns vor Lachen, und zusätzlich lernt Carly, dass ihr Verhalten das Verhalten von Menschen, die sie liebt, beeinflussen kann – dass sie also etwas bedeutet" (S. 339).

Ein breites Kapitel widmet Seligman dem **Loben und Strafen von Kindern**. Er sieht zwei Seiten des Lobs: „Positive Anerkennung wird Ihrem Kind in der Regel positive Emotionen geben, die wiederum der Antrieb für Entdeckungsdrang und Erwerb von Können sind. Das ist die gute Seite.“ (S. 345) Bei bedingungslos erteilter Aufmerksamkeit bestehen jedoch zwei Gefahren:

„Erstens kann Ihr Kind passiv werden, weil es gelernt hat, dass es immer unabhängig von dem, was es macht, gelobt wird. Zweitens wird es Probleme haben zu begreifen, dass es wirklich Erfolg gehabt hat, wenn es aufrichtig gelobt wird. Eine ständige Überfütterung mit wohlmeinenden positiven Bemerkungen unabhängig von Leistung kann bewirken, dass es weder aus seinen Erfolgen noch aus seinem Scheitern lernt.“ Er fasst zusammen:

TIPP 3: „Liebe, Zuneigung, Wärme und Begeisterung sollen geäußert werden, ohne Bedingungen zu knüpfen.“ – „Lob ist eine völlig andere Sache. Loben Sie Ihr Kind in Zusammenhang (in Kontingenz) mit Erfolgen und nicht, damit es sich besser fühlt, und passen Sie das Lob der Leistung an.“

Bezüglich **Bestrafung** äußert sich Seligman: (S. 347)

„Bestrafung blockiert positive Emotionen, weil sie schmerzhaft ist und Angst hervorruft, und sie verhindert das Meistern von Dingen, weil Strafen das Verhalten Ihres Kindes erstarren lässt. **Bestrafungen sind aber nicht so problematisch wie Lob ohne Leistung.**“ Er weist auf einen interessanten Aspekt hin: „In der Praxis kann das Kind oft nicht sagen, wofür es bestraft worden ist, und Angst und Schmerz beziehen dann die strafende und die gesamte Situation mit ein. Wenn das passiert, wird das Kind generell verängstigt und gehemmt, und es wird nicht nur bereits bestrafte Verhaltensweisen, sondern ebenfalls bestrafende Eltern meiden“. Seligman empfiehlt:

TIPP 4: „Eltern sollen daher sicher stellen, dass das Kind genau weiß, für welches Verhalten es bestraft wird. Beschuldigen Sie nicht Ihr Kind oder seinen Charakter, sondern allein ein ganz bestimmtes Verhalten (S. 348).“

(zu Loben und Strafen siehe auch Jesper Juul S. 86 in diesem Buch)

TIPP 5: Seligmans Empfehlung für eine Vorgehensweise bei wiederholtem **Quengeln** und Schmollen wird anhand der folgenden „Smiley-Story" (S. 349) deutlich:

Darryl ist gerade vier Jahre alt geworden und hat einige Tage beim Zubettgehen gequengelt und geschmollt, dass er noch zehn Minuten länger aufbleiben will. Am nächsten Morgen setzt Mandy ihn für ein Gespräch zu sich: „Darryl", sagt sie und malt ein Gesicht ohne einen Mund auf ein Stück Papier, „was für ein Gesicht hast du gestern beim Zubettgehen gemacht?" Darryl zeichnet einen finsteren Gesichtsausdruck in den Kreis. Es entspinnt sich folgender Dialog:

„Worüber warst du beim Zubettgehen so böse?"

„Ich wollte aufbleiben und spielen."

„Deshalb warst du unfreundlich und quengelig mir gegenüber – richtig?"

„Richtig."

„Bekommst du auf diese Weise, was du möchtest? Lässt Mami dich weitere zehn Minuten aufbleiben, wenn du quengelst und dich beklagst?"

„Nein."

„Was meinst du, wie muss ein Gesicht aussehen, damit Mami dich noch länger aufbleiben lässt?", fragt Mandy und malt ein anderes Gesicht ohne Mund.

„Ein Smiley-Gesicht?" rät Darryl und malt einen lächelnden Mund.

„Genau! Probier`s mal aus. Meistens funktioniert es." Und es funktioniert.

Für sehr spannend halte ich die Ausführungen Seligmans über das **Problem der Geschwisterrivalität.** Er meint (S. 350f.), diese blühe „vor allem in Familien, in denen Zärtlichkeit und Aufmerksamkeit so selten sind, dass die Geschwister deshalb einen Gewinn-Verlust-Krieg führen. Wenn das Baby mehr Liebe bekommt, bekommt das ältere Kind weniger. Gewinn-Verlust-Spiele über Zärtlichkeit, Aufmerksamkeit und Rang öffnen die Büchse der Pandora voll negativer Emotionen – und dazu gehören mörderischer Hass, unbedachte Eifersucht, Verlustangst und die Sorge, verlassen zu werden." – „Geschwisterrivalität in Familien, in denen Zärtlichkeit und Aufmerksamkeit keine seltenen Ressourcen sind, sind ein viel kleineres Problem."

TIPP 6: Sorgen Sie für einen entsprechenden liebevollen Umgang und beziehen Sie ältere Geschwister in die Betreuungsaufgaben der jüngeren ein, das gibt ihnen Bedeutung und stärkt sie.

TIPP 7: Abkommen schließen, konsequent bleiben – Wenn man doch mal Strafen in Betracht ziehen muss:

Will man Kinder zu einem erwünschten Verhalten führen muss man dieses positiv verstärken. Seligmans Frau Mandy glaubt nicht so sehr daran: Sie denkt, dass Kinder nicht so funktionieren. Mir scheint das auch etwas „technisch". Sie meint, Kinder wiederholen nicht einfach, was ihnen in der Vergangenheit Belohnung eingebracht hat. Sie seien zukunftsorientiert und verhalten sich so, weil sie damit rechnen, dass sie bekommen, was sie wollen. Das zeigt die kleine Geschichte aus Seligmans Familienleben mit Tochter Nikki. Dabei geht es um ein unerwünschtes Verhalten, das einfach nicht toleriert werden kann. (S. 361)

„Bei Tochter Nikki war es **Verstecken** – und es war fast eine ganze Woche so gelaufen. Mehrmals am Tag fand Nikki in unserem großen knarrenden alten Haus einen geheimen Winkel, wo sie sich verkroch. Mandy, die Darryl, damals als Baby, versorgte, schrie aus Leibeskräften nach Nikki. „Wir müssen los; Daddy abholen!" Nikki aber verhielt sich still und blieb versteckt. Während Lara auf Darryl aufpasste, rannte Mandy aufgeregt durch Haus und Garten und rief: „Niki!" Wenn es Mandy gelang, Nikki zu finden, rügte sie dies scharf. Mit jedem Tag wuchsen Ärger und Frustration. Nichts fruchtete: weder mehr noch weniger Aufmerksamkeit, Schimpfen oder Stubenarrest, auch ein Klaps auf den Po, unmittelbar nachdem sie entdeckt wurden war, oder Erklärungen darüber, wie beschwerlich die Suche ist und wie gefährlich Verstecken sein kann. Die gesamte Palette positiver wie negativer Techniken versagte komplett. Das Verstecken wurde von Tag zu Tag schlimmer. Und obwohl Nikki genau wusste, dass es falsch war, tat sie es immer.

„Es ist zum Verzweifeln!" erklärte mir Mandy. Und schließlich sagte sie beim Frühstück ganz ruhig zu Nikki: „Wollen wir ein Abkommen schließen?" Ein halbes Jahr lang hatte Nikki um eine bestimmte Barbie-Puppe gebettelt. Diese Bo-Peep-Barbie war teuer und, obwohl es bis zu Nikkis Geburtstag noch fünf Monate hin war, auf Platz eins ihrer Geburtstagswunschliste gestiegen.

„Wir gehen gleich morgen und kaufen eine Bo-Peep-Barbie“, schlug Mandy vor. „Dafür musst du zwei Dinge versprechen, Nikki. Erstens: Du hörst auf, dich zu verstecken. Zweitens: Du kommst sofort, wenn ich dich rufe.“

„Wow, mach ich!“ stimmte Nikki zu.

„Aber die Sache hat einen großen Haken“, fuhr Mandy fort. „Wenn du ein Mal, ein einziges Mal, nicht kommst, wenn ich dich rufe, musst du die Bo-Beep-Barbie eine Woche lang abgeben. Und wenn es noch einmal passiert, schicken wir Barbie für immer fort.“ Nikki hat sich nie wieder versteckt.

Junge Erwachsene erziehen

Ich nenne sie bewusst nicht Teenies. Wenn unsere Kinder in die Pubertät kommen werden sie junge Erwachsene. Dann gelingt Erziehung nicht mehr so leicht oder gar nicht mehr. Was gelingen kann ist Beziehung, Kommunikation und ein glückliches Familienleben. In einem **7-Punkte-Programm** habe ich ab Seite 121 entsprechende Empfehlungen zusammengefasst.

37 Kinder fördern

In ihrem ausgezeichneten Erziehungsratgeber „Die 10 größten Erziehungsirrtümer“ geben Darwis und Moll Eltern hilfreiche Hinweise. Sie fordern Eltern tatsächlich auf, **„cool“** zu **bleiben** und sich nicht davon anstecken zu lassen, Sorgen, Ängste und Erwartungen in ihre Kinder zu projizieren. Eltern sollten eine kritische Haltung gegenüber dem Förderirrsinn entwickeln. Sie meinen:

⇒ „Die Frühförderung ist Wurzel allen Übels in der Kindheit.
⇒ Die Förderung ist die Schwester der Überforderung
⇒ Der Begriff Frühförderung pathologisiert geradezu die freie Entwicklung des Menschen.
⇒ Die Überpädagogisierung des Vorschulalters wirkt sich eher hemmend auf die Entwicklung der menschlichen Kernkompetenzen im Kindesalter aus.“ (siehe dazu auch S. 40. in diesem Buch)

Am Beispiel einer Mutter namens Ute zeigen Darwirs und Moll auf, wie man auf den Frühförder-Hype reagieren könnte. Man muss dem Ganzen

Stärke entgegensetzen. In einem Chat antwortet Ute auf die Frage einer verunsicherten Mutter, die dem Druck anderer Mütter unterliegt:

„Lass Dich nicht verunsichern und vor allem, es ist wohl wichtig, dass man sich langsam darauf einrichtet, dass andere ohnehin alles besser wissen als man selbst. Verlasse Dich auf Dein Bauchgefühl und dann machst Du es richtig. Viel Spaß mit Deiner Maus und vertrau darauf, dass Dein Kind alles macht, wenn es selbst soweit ist."

Darwirs und Moll bezeichnen Ute als starke Mama: „Sie wünscht sich keine perfekte Tochter. Sie vertraut ihrer Entwicklung. Das ist es, was unsere Kinder brauchen. **Alle Entwicklungsschritte brauchen ihre Zeit und folgen einem ganz individuellen Muster. Hier zu schieben und dort zu ziehen bringt gar nichts.** Im Gegenteil, sobald ein Kind Druck spürt, mit dem Gefühl an eine Aufgabe herangeht: „Mama möchte, dass ich das kann", wird es in seiner Entwicklung eher behindert als „gefördert". – Sie meinen, Säuglinge und Kleinkinder stellten ihr Trainingsprogramm ganz allein zusammen und betonen:

„Für die gesunde Entwicklung einer stabilen Persönlichkeit ist es wichtig, dass ein Säugling, Kleinkind, Kindergartenkind und später das Schulkind spürt, dass es **seine Erfahrungen frei und ungezwungen machen kann. Dass die Liebe zu Mama und Papa** und das Gefühl der Geborgenheit **nicht an Bedingungen geknüpft werden.**"

Sie plädieren für Gelassenheit, für eine Entschleunigung in allen Fragen der Erziehung. Stress sei pures Gift für jede Entwicklung.

TIPP: Mama, Papa schaut auf euch selbst.

Ich habe schon mehrfach ausgeführt, wie bedeutsam das Vorbild der Eltern ist, weil Kinder davon so vieles übernehmen. In der Konsequenz müssen Eltern reflektieren, was sie ihren Kindern vorleben. Kinder spüren den Stress der Eltern, wenn man sich am Abend erschöpft mit Alkohol „zudröhnt", sich bei jeder Kleinigkeit mit Medikamenten aufrecht hält. Kinder profitieren vom Humor der Eltern, vom Rumblödeln, von Albernheiten, von einem Haus voller Lebensfreude und Lachen. Und sie spüren die elterliche Zufriedenheit oder wie sehr ihr Leben getaktet ist, wie sehr sie selbst Sklave unseres gesellschaftlichen Leistungsprinzips sind, inwieweit sie die life-work-balance im Griff haben. Wollen wir starke und glückliche Kinder haben, ist es die beste Förderung, wenn wir über all das selbst die Kontrolle bewahren. Es geht im Kern darum, seinen Kindern das Leben von seiner schönen Seite her vorzuleben. Das zu schaffen ist doch ein lohnenswertes Ziel.

38 Mehr Bullerbü im Leben – Kinder brauchen Matsch

Intuitiv spüren wir es, die Genialität im Leben der Kinder von Astrid Lindgren. Irgendwie ist diese Form Kindheit zu leben, sehr beneidenswert. Diese Michels von Lönneberga und Pippis aus der Villa Kunterbunt sind einfach tolle Kinder. Und ich glaube zu spüren, was ihre Faszination ausmacht: Sie sind pfiffig, frech, originell, voller Fantasie, und vor allem mutig, selbstständig und lebenstüchtig. Wünschen wir uns nicht insgeheim, dass unsere Kinder genauso sind oder werden? Warum schenken wir unseren Kindern nicht ähnliche Bedingungen, um zu spielen und frei zu leben? Was kennzeichnet eigentlich die Kindheit dieser Kinder, die uns so stark vorkommen und offensichtlich eine glückliche Kindheit leben? Zunächst einmal verfügen sie über endlos viel Zeit, die ihnen frei zur Verfügung steht, Zeit ohne elterliche Aufsicht, Zeit für Langeweile, zum Entwickeln von Ideen, zum Spielen mit anderen Kindern in der freien Natur. Sie scheinen ein natürliches Leben zu führen auf Wiesen, in Wäldern, barfuß im Freien, in Wäldern umherziehend.

Diese Zeit ist offensichtlich eine sinnvoll angelegte Investition: Das Buch des Philosophen und Biologen Andreas Weber **„Kinder brauchen Matsch“** öffnet dem Leser die Augen, wie wertvoll Natur für Kinder ist (siehe auch S. 27 in diesem Buch). Draußen im Freien zu spielen fasziniert Kinder. Das Unvorhersehbare gewährt ihnen Freiheit und somit die Reifung ihrer Persönlichkeit. Das Tolle daran, ist nicht unter der Fuchtel der Eltern zu stehen, der pädagogischen Käfighaltung entkommen zu können. Draußen toben hält zudem fit. Außerdem es hat etwas Gefährliches, auf Bäume zu klettern und Äpfel zu klauen, an Eisenbahnlinien Münzen auf die Schienen zu legen, um zu sehen, wie sie wegspritzen, wenn der Zug drüber fährt. Das sehen Eltern bekanntlich gar nicht gerne – und ist deswegen reizvoll. Nicht zuletzt fällt Kindern immer wieder etwas Neues ein. Das ist auch eine Form, Kreativität zu lernen.

Vielen Kindern fehlen aber derartige Naturerlebnisse. Die Umweltorganisation „natural trust“ hat auf ihrer Homepage 50 Dinge aufgelistet, welche Kinder bis zu ihrem 12. Lebensjahr getan haben sollten (siehe www.

naturaltrust.org.uk). Zu den Topten gehören: Auf einen Baum klettern, einen Hügel hinunter rollen, im Freien zelten, ein Baumhaus bauen, einen Stein über die Wasseroberfläche springen lassen, im Regen rumrennen, einen Drachen steigen lassen, einen Fisch mit einem Netz fangen, einen Apfel von einem Baum ernten und essen, einen Schneeball werfen.

Haben ihre Kinder das alles getan?

Ich bin der Meinung, die Liste sollte noch ergänzt werden mit Umgang mit Tieren. So ist Webers Buch insbesondere eine Laudatio auf ein Leben mit Tieren, und vor allem mit dem Welpengeschwister Hund, wie er ihn nennt. Es gehört zu den angenehmsten Seiten meines Lebens, dass ich seit Jahren mit einem Hund leben darf. Tiere können regelrechte Glückskekse für Kinder sein:

39 Tiere-Glückskekse im Leben von Kindern

Ich sehe es noch wie einen Film vor mir ablaufen: Familienkonferenz im Hause Weigel, Samstagvormittag. Das änderte mein Leben. Unsere Tochter sagte: „Lehmanns Hündin wird einmal Junge bekommen, dann nehmen wir einen Welpen, gell Papa!?“ So fing es an und der Widerstand war gebrochen. Das war auch nicht allzu schwer: Meine Frau war schließlich mit einem Dackel aufgewachsen und hegte im Stillen immer den Wunsch nach einem Hund. Unser Sohn war sowieso der Zoologe im Haus, wir hatten daher sehr viele Tiere: Hasen, Schildkröten, Stabheuschrecken ... und er war voll dafür.

Noch am gleichen Tag brachte unsere Tochter ein Buch über Hunderassen mit. Darin war zu lesen, dass Berner Sennenhunde, wie der von Lehmanns, nur sieben Jahre alt werden, da war klar: Es wird kein Hütehund. Aber welcher Hund passt zu uns? Im Nu war die Entscheidung getroffen: Labrador Retriever: Kurzhaar, macht nicht so viel Dreck!

- *sportlich, so wie wir, braucht ausreichend Auslauf!*
- *gelehrig, intelligent – prima!*
- *sehr kinderlieb, der ideale Familienhund!*

Dann kam es wie es kommen musste: In der „Süddeutschen Zeitung“ war zu lesen: Labrador-Welpen, 08454-...,

„Das ist doch gleich in der Nähe...“, meinte meine Frau und ich griff zum Hörer.

„ Wir haben noch fünf Welpen, aber wenn sie sie anschauen wollen, kommen sie besser ohne Kinder!" Ein guter Tipp und im Nu waren meine Frau und ich bei dem Züchter.

Auf jeden Fall hatten wir uns gleich in eine pfiffige Hündin verliebt.

Mit Vicky schlug das Kindchenschema unerbittlich zu.

Unter dem Vorwand, zum Baden fahren zu wollen, machten wir uns dann an einem Samstagvormittag auf den Weg zum Züchter. Die Kinder waren natürlich über alle Maßen begeistert als wir das 9 Wochen alte Mädel aus dem V-Wurf begutachteten. Mit dem Tipp des Züchters „Erziehen sie den Hund wie ihre Kinder" traten wir die Heimreise an. Damit begann das Kapitel, welches unser Leben und besonders meines außerordentlich bereicherte.

Von wegen, damit habe ich nichts zu tun. Im Nu war ich Alpharüde und dem musste ich gerecht werden. Und alle Hundebesitzer werden mir zustimmen. Ein Hund ist nicht einfach ein Tier im Haus. Er ist viel mehr: „Das ist unser drittes Kind", pflegte meine Frau zu sagen.

Ich hätte nie gedacht, welche Wirkung ein Hund erzielt.

Man unterschätzt die (therapeutische) Wirkung der Vierbeiner: Sie können ängstliche Menschen stärker und selbstbewusster machen. Aus schreienden, nervenden Schulkindern machen sie gefühlvolle, sich aufopfernde, liebe Kinder – phänomenal!!

Ich selber habe die Wirkung am eigenen Leib erlebt. Vicky tat so gut und war Balsam für die Seele. Am meisten hat sie mich als ihren Lebenspartner angesprochen. Ich hatte noch nie einen so treuen Freund. Den Hund musste man einfach lieben: dem hingebungsvollen Blick beim Aufstehen, die unbändige Freude am Zaun, wenn man heim kam, all dem konnte man nicht widerstehen. Nach ihrem erschütternden Tod nach sieben tollen, gemeinsamen Jahren haben wir es nur zehn Wochen ohne Hund ausgehalten. Das Loch war zu groß. Staubsaugen war ohne Hundehaare sinnlos und überhaupt... das bisschen Aufwand wegen der „Hundedapperer" ist nichts gegen das, was uns Gina nun bietet.

Ich denke, die Tiere haben im Leben unserer Kinder eine große Bedeutung gespielt. Kinder lernen so viel durch Tiere. Insbesondere unser Hund hat sehr gute Dienste erwiesen. Er war, wie auch die Kaninchen und die griechische Landschildkröte, ein Glückskeks im Leben unserer Kinder. Zum einen war es eine große Herausforderung, ihn in das Familienleben zu integrieren. Zum anderen war es herrlich anzusehen, welche liebevolle Bindung die Kinder mit ihm eingingen. Wir Eltern aber ebenso. Ich möchte behaupten, dass alle Tiere nachhaltig zur Persönlichkeitsentwicklung unserer Kinder beigetragen haben.

Im Nachhinein betrachtet war der erste Hund insbesondere für unseren Sohn ein Segen. Unser Jüngster erhielt damit in dem familiären Rudel eine andere Rolle. Er war der Kleine und zuerst versuchte der Hund sich gegenüber dem Achtjährigen durchzusetzen. Das führte zunächst auch zu etwas Geschrei. Aber dann lernte unser Sohn, sich von dem Welpen nichts gefallen zu lassen und somit rutschte der Hund in der Familienhierarchie auf den letzten Platz – eine heilsame Erfahrung für unseren Sohn. Der Hund war sicher für die Entwicklung seines Selbstvertrauens und seiner Persönlichkeit eine Hilfe. Jeder in der Familie erhielt durch ihn die Möglichkeit seine positiven Emotionen zu entwickeln. Und selbst der unglückliche, plötzliche Tod lehrte vor allem den Kindern so viel über das Leben. Wir fuhren in die Tierklinik und erlebten gemeinsam, wie er eingeschläfert werden musste. Er hatte keine Chance. Ich denke, das hat uns als Familie zusammengeschweißt.

Der Hund hatte vom ersten Tag an nur gute Seiten für unsere Familie und die Kinder. Einmal in der Woche mussten unsere Kinder den Hundespaziergang erledigen. Sie lernten damit schnell Verantwortung zu übernehmen.

Abschließend betrachtet fanden wir auch genau das richtige Timing, d.h. das richtige Alter für die Anschaffung des Hundes. Ich denke, es ist nicht gut, wenn zuerst ein Hund in der Familie ist und dann die Kinder folgen. Kinder müssen meiner Meinung nach mindestens zehn Jahre alt sein, damit der Hund im Rudel der Familie dem ihm gebührenden Platz findet.

40 TV und PC – alles zu seiner Zeit.

Es ist erschreckend: Die Bildschirmzeit von Kindern hat sich in den vergangenen 20 Jahren verdoppelt. Kinder spielen viel weniger draußen und sind lieber da, wo die Steckdosen sind. Professor Manfred Spitzer mahnt: „Wenn Sie ihrem Kind etwas Gutes tun wollen, dann kaufen Sie ihm keinen Computer." Aber im Zeitalter der elektronischen Moderne besitzen neun von zehn 6- bis 13-Jährigen einen Computer und das Internet steht ihnen zur Verfügung. 57 Prozent besitzen eine Spielkonsole. Ein Handy hat jeder dritte Acht- oder Neunjährige, und neun von zehn der Zwölf- bis 13-Jährigen besitzen eines. Der Anteil von Kindern, die Facebook oder andere digitale Netzwerke nutzen, hat sich von 16 Prozent im Jahr 2008 auf heute 43 Prozent weit mehr als verdoppelt; bereits jeder dritte Zehn- bis Elfjährige hat dort ein eigenes Profil. Das Kommunikations- und Freizeitverhalten der Jugendlichen gleicht sich dem der Erwachsenen immer stärker an. Einmal abgesehen von allen potenziell problematischen Inhalten, auf die Kinder dabei stoßen könnten – das elektronische Leben kostet sie enorm viel Zeit.

Dabei sehen Bildungsforscher einen klaren Zusammenhang zwischen hohen Bildschirmzeiten und schlechten Leseleistungen. Wer zum Beispiel ein eigenes TV-Gerät im Zimmer hat, schaut eine Stunde länger fern als andere. Jeder fünfte Sechs- bis 13-Jährige ist ein Vielseher mit weit überdurchschnittlicher Fernsehzeit. Die Sender bringen den Konsumdruck in die Köpfe – per Werbespots und im kommerziellen Kinderprogramm, das sich bemüht, der Werbung ähnlich zu sein.

Nur, was können Eltern tun?

Ich mache mich fast lächerlich, wenn ich wie Spitzer bei Vorträgen fordere, dass Kinder erst später über einen eigenen PC oder einen Laptop verfügen sollten und ein Fernseher in einem Kinderzimmer nichts zu suchen hat, bevor ein Kind nicht mindestens zwölf Jahre alt ist. Vielleicht liegt es aber auch daran, dass Mama und Papa in Ruhe ihr eigenes TV-Programm genießen wollen und keine lästigen Absprachen mit Kindern dulden. Dennoch, die beste Gegenstrategie ist: keine „Glotze" in Kinderzimmern, am besten ganz abschaffen. Es lässt sich keine seriöse Studie finden, die TV-losen Kindern Entwicklungsdefizite bescheinigt.

Ansonsten gilt: möglichst zusammen gucken, um danach über die Sendungen zu sprechen beziehungsweise dem Programmdiktat und der Werbung entgehen, indem man DVDs schaut.

Was den Gebrauch des eigenen PCs mit Internetanschluss anbelangt, sollten ein, zwei Computer im Haus genügen, die Kinder zu bestimmten, begrenzten Zeiten nutzen können. Es gilt über die Nutzungsdauer und die Art der Nutzung klare Regeln zu vereinbaren. Meine Schüler akzeptieren das durchaus.

Ich behaupte, Jugendlichen sollten einen eigenen Laptop erst dann bekommen, wenn sie ihn sich mit eigener Arbeit erwirtschaften. Dann ist er heilig. Es genügt, wenn man mit 14, 15 Jahren darüber verfügt. Ich gebe aber zu, dass ich diesbezüglich konservativ eingestellt bin. So bin ich froh, dass unsere Kinder von anderen Freizeitaktivitäten eher gefesselt waren als von Spielkonsolen oder Computern. Sie lebten noch in einer anderen Zeit. Generell glaube ich, wird dem PC und dem Internet arg viel Bedeutung beigemessen, auch an Schulen.

Insgesamt ist festzustellen, dass die meisten Kinder die Medien bewusst nutzen, um sich Informationen zu besorgen und vor allem um bestehende Freundschaften zu pflegen. Mädchen tun dies ohnehin gerne und sprechen offen über Beziehungen und Gefühle. Jungen dagegen sind in Gefühlsdingen eher verschlossen. Deshalb profitieren sie von digitalen Netzwerken, weil sie darin lernen kommunikativer zu sein und mit anderen über Probleme oder ihre Gefühle zu sprechen. Probleme durch die überzogene Nutzung elektronischen Medien entstehen nach meiner Erfahrung für Kinder und Jugendliche dann, wenn sie sehr labil sind. Für sie stellen sie gewissermaßen eine Ersatzbefriedigung für fehlende reale Freunde oder Hobbys dar. Sie laufen damit Gefahr, in der Welt von Facebook und Chatrooms bzw. mit PC-Spielen endlos Zeit zu verbringen. Gefahr droht auch dann, wenn Kinder beziehungsweise Jugendliche kaum noch das Haus verlassen. Daher gilt: raus in die Welt, in Vereinen Sport treiben, mit anderen Kindern und Jugendlichen sinnvollen Freizeitaktivitäten nachgehen. Der Bildungswert dieser Aktivitäten ist nicht zu unterschätzen.

Andererseits, ein schöner Fernsehabend mit Kindern, der hat was. *Ritualmäßig schaue ich mir kurz vor Weihnachten mit meiner Tochter den herrlichen Film „Tatsächlich Liebe" an und dann ist es soweit: Jetzt kann Weihnachten kommen, die Zeit für die Familie.* Ich mag es, Filme über das Leben anzuschauen. Filme mit Lebensmut, wie ich es nenne, die Einblicke gewähren, worauf es im

Leben ankommt. Ich möchte daher einige dieser aus meiner Sicht lebensphilosophisch verwertbaren Filme aufzählen. Es lohnt sich wirklich sie gemeinsam mit Kindern (ab etwa zehn Jahren!!) anzuschauen: „Grüne Tomaten“, „Forrest Gump“, „A Beautiful Mind“, „Forrester gefunden“, „Vitus“ mit Bruno Ganz als Opa eines hochbegabten Jungen, „Das weiße Band“ (heftig, heftig), „Der Club der toten Dichter“, „Harry und Sally“ (oder: über die Wahrheit (??!), wie Frauen und Männer ticken), „Happy go lucky“, „Nach Fünf im Urwald“, „Ziemlich beste Freunde“, „Das Labyrinth der Wörter“, „Wie im Himmel“ und „L`auberge espagnol“.

41 Wir lernen von unseren Kindern

In der Diskussion nach einem meiner Pubertätsvorträge brachte es eine Frau auf den Punkt: Es sei schon richtig, dass Kinder viel von Eltern als Vorbild lernen, dass sie Unterstützung und Orientierung bräuchten. Aber ganz interessant sei doch auch, dass wir als Eltern ganz viel von ihnen, den Kindern, lernen würden.

Wie Recht sie doch hat. Das Leben mit Kindern ist ein schönes Beispiel, wie Lernen funktioniert, wie wir an der Herausforderung, mit Kindern zu leben, wachsen können. Eltern lernen so viel von ihren Kindern. Im Grunde bieten sie uns die Chance, ein besserer Mensch zu werden.

Kinder lernen uns, Verantwortung zu tragen und für andere da zu sein. Kinder lassen uns weich werden. Wir lernen durch sie, aus tiefstem Herzen zu lieben, achtsam zu sein, ihre Gefühle und ihre Bedürfnisse zu befriedigen. Das heißt, wir lernen Empathie, ganz von selbst. Wenn wir es geschickt anstellen, machen wir uns nicht zu sehr abhängig von unseren Kindern. Auch Mama und Papa müssen ihre Bedürfnisse geachtet wissen. Kinder lassen die Familie enger zusammenrücken. Eltern lernen, sich darüber hinaus ein soziales Netzwerk aufzubauen: Man freundet sich mit Eltern gleichaltriger Kinder aus Kita, Kindergarten oder Schule an. Man lebt solidarisch mit anderen, und auch die Kinder schließen Freundschaften. Freunde dürfen dann im eigenen Heim übernachten und umgekehrt. Man lernt, sich zu organisieren, um wieder einmal freie Abende zu genießen. Als Mutter lernt man neue Seiten an sich kennen und Väter lernen, was es bedeutet, Vater zu sein. Das ist für viele ungemein bereichernd. Ich finde es phänomenal, was sich in den vergangenen Jahren im Selbstbild vieler Männer geändert hat. Männer entwickeln momentan ein neues Männerbild, weg vom Macho. Das ist eine interessante Entwicklung.

Wenn uns das Leben als Vater oder Mutter mit Kindern gelingt, lernen wir eine gesunde, eine neue Haltung zum Leben: Wir lernen vielleicht das Vergleichen und Bewerten von Kindern zu unterlassen, Neid aus unserem Leben zu verbannen und offener zu kommunizieren.

Es ist ein Anliegen dieses Buches, für sich daraus etwas mitzunehmen. Der eine oder andere bemüht sich vielleicht in Anlehnung an entsprechende Empfehlungen um eine persönliche Sprache, die uns hilft, uns Selbst gerechter zu werden, Konflikten vorzubeugen oder Streit zu überwinden. Vielleicht lernen wir, unsere Ängste anzunehmen und damit besser umzugehen. Oder einen gewissen Kontrollzwang aufzugeben und rechtzeitig loszulassen; und vor allem unsere Erwartungen und unsere Ansprüche zu relativieren. Wir können auch lernen, mit eigenen Schwächen und Fehlern umzugehen und so viel über uns selbst lernen.

Wenn wir wachen Auges sind, sehen wir vielleicht die Bedürfnisse und Nöte anderer und gehen entsprechend mit ihnen um. Wir können mehr Gelassenheit und Optimismus entwickeln, um glücklicher zu leben. Vor allem, wenn wir es schaffen, die beiden fundamentalen Grundbedürfnisse zu befriedigen:

1. Sich mit anderen verbunden fühlen: mit unseren Kindern, unserem Partner, der Familie, mit Freunden und Kollegen, …

2. An Herausforderungen zu wachsen: als Mutter, als Vater, in seinen häuslichen Aufgabenbereichen, im Berufsleben, im Ausleben von Hobbys und Leidenschaften, …

Und vielleicht schaffen wir es sogar auf die fünfte Stufe von Maslow, nämlich emanzipiert und gut verbunden mit unseren Nächsten uns selbst zu verwirklichen. Auf dem Weg dahin gilt es, immer wieder Einschränkungen und Hindernisse anzupacken, innezuhalten, die Perspektive zu wechseln, sich neu zu sondieren.

Es wird Ihnen gefallen, wenn Ihre Kinder groß sind und ihr Ding machen.

Meine 28-jährige Tochter rief an und fragte, wie ich meinen Geburtstag feiern werde. Ich hätte am Donnerstag und die Mama hätte gesagt, dass wir am Freitag feiern. Sie müsse das wissen, um eventuell einen beruflichen Termin zu verschieben. Es sei ihr ein Anliegen bei meinem Geburtstag da zu sein. Nach dem Gespräch meinte ich zu meiner Frau: „Mehr kann man vom Leben doch eigentlich nicht erwarten.“

Kinder sind Chancen

Zum Abschluss möchte ich gerne noch einmal Bezug nehmen zu dem Artikel von Jana Hensel „Unglück im Glück" (siehe S. 21 f. in diesem Buch), in welchem sie die Irritationen junger Eltern von heute beschreibt. Ich sehe, dass Kinder vor allem auch Chancen beinhalten. Die Geburt eines Kindes führt uns zu dem Natürlichsten im Leben zurück. Es bietet Eltern die Chance, innezuhalten, auch zu reflektieren, wie sich in dieser schnelllebigen Welt das Hamsterrad, in dem wir stecken, ein wenig langsamer drehen lässt. Eltern müssen den **Spagat zwischen Arbeitswelt und Familienleben schaffen**, müssen sehr wohl reflektieren, wie sie das regeln wollen und was gesund ist, für das Kind und einen selbst. Ein wichtiger Punkt ist, die eigene **Egozentrik** angesichts der Verantwortung gegenüber Kind und Familie zu relativieren. Man muss Abstriche machen, in der Ausübung von Hobbys und vor allem in dem Ausleben von **Hedonismus**. Es wird nicht mehr so leicht, rauschende Partys zu feiern, ständig essen und ins Kino zu gehen. Wie oft ist das angemessen? Diese Lust am gesellschaftlichen Leben muss man eine Zeit lang einschränken, umso mehr Spaß bereitet er danach. Man muss sich positionieren im Hinblick auf sein **Konsumverhalten.** Wir kaufen, kaufen – dabei brauchen wir gar nicht so viel. Und muss man vor allem Kinder mit so viel Spielzeug überhäufen, vor allem, wenn dieses sowieso nicht förderlich ist? Es gibt so vieles, worin man den Kindern ein gutes Vorbild sein sollte, insbesondere im **Umgang mit Handy, TV und PC**. Schalten Sie das Handy ruhig aus und widmen Sie sich den Kindern, sehen Sie gemeinsam fern und hocken Sie nicht ständig vor dem Computer. Und vor allem, setzen Sie sich für eine kinderfreundliche Welt ein und nehmen Sie den Kampf auf mit all denen, die keine Kinder in ihrer Nähe dulden.

6. Kapitel: Was wäre das für ein Leben?

Ich bedauere junge Menschen, dass sie sich die Entscheidung für Kinder so schwer machen. Viele gehen arg verkopft an die Familienplanung ran. Angesichts der Emanzipation der Frauen läuft vielen nach der Ausbildung und dem Bemühen, im Beruf Fuß zu fassen, die Zeit davon. Kinder sind meiner Meinung nach im Grunde die Konsequenz einer gelungenen Beziehung, in welcher sich das Bedürfnis nach Kindern von allein einstellt. Irgendwann ist es einfach Thema. Damit tun sich aber viele junge Menschen in unserer schnelllebigen Zeit schwer. Man findet nicht so leicht einen passenden Partner, mit dem man sich auf dieses Abenteuer einlässt.

Mir gefiel in der NDR-Talkshow der Schauspieler Hans-Werner Meyer, Vater von zwei Jungen. Er erzählte, dass seinerzeit seine Frau ihm bezüglich der Kinderfrage das Messer auf die Brust gesetzt und gemeint habe: „Entweder wir machen es zusammen oder gar nicht." Heute übernehme er den größeren Teil der Erziehungsverantwortung und setze regelmäßig beruflich aus, was in Berlin kein Problem sei. Meyer meinte: „Frauen können nur zwei Dinge besser, Gebären und Stillen, alles andere kann man lernen." Und er zitierte seinen Vater, der zu ihm gesagt habe:

„Ihr seid die erste Generation, die in der Lage ist Kinder mit anwesenden Vätern zu erziehen!"

Und wenn Eltern die Sache wirklich ernst nehmen, bemühen sie sich in vollem Bewusstsein darum, dass ihre Kinder nicht als Einzelkind aufwachsen. Ich wünsche jedem einen Bruder oder eine Schwester, beziehungsweise mehrere, nicht zuletzt, um Streiten und Versöhnen zu lernen.

Mit lebensphilosophischen Fragestellungen beende ich gerne meine Vorträge für Eltern:

Ist es nicht schön, sich auf das Abenteuer Kinder einzulassen?

Wie würde unser Leben aussehen, hätten wir unsere Kinder nicht?

Worüber würden wir uns aufregen?

Was wäre der Sinn unseres Lebens?

Worin würden wir unser Glück finden?

Wir kommen eigentlich immer zu der Erkenntnis, dass es toll ist, Kinder zu haben.

Es ist ein großes Abenteuer, Kinder in die Welt zu setzen und es lohnt sich, wirklich. Es zeugt von viel Mut und Verantwortungsbewusstsein.

Wir und unsere Kinder:

Als Baby tragen wir sie auf Händen, …

wir nehmen sie als Kleinkinder an die Hand und zeigen ihnen das Leben. …

Dann laufen wir gemeinsam nebeneinander und wenn sie in die Pubertät kommen, wollen sie eigene Wege beschreiten. Dabei bewegen wir uns eher hinter ihnen, bereit sie zu stützen oder aufzufangen, wenn sie ins Straucheln geraten. …

Als Erwachsene, haken sie sich bei uns ein und begleiten uns!

Veränderung im Leben, ein Wunsch:

Ich provoziere gerne mit Sprüchen, um aufzurütteln und um Mitmenschen zum Umdenken zu bewegen. Zugegeben, es nervt. Wer will schon die Erfahrung machen, dass Veränderungen notwendig sind und gut tun? Viele sind bequem, sie wollen gar keine Innovationen. Und wer will schon hören, dass es besser wäre, anders zu denken und zu handeln? Manche verunsichert das und es macht auch irgendwie Angst.

Dennoch werde ich nicht müde zu mahnen, wie das Leben gelingen kann. Tatsächlich geht es nicht um ein erfolgreiches Leben. Gerald Hüther beschreibt den Unterschied zwischen Erfolg und Gelingen in seinem wegweisenden Vortrag zur Schulentwicklung: Was können wir zum Gelingen der Bildung unserer Kinder beitragen (AV1 Film + Multimedia, www.paedagogikfilme.de). Er meint, Partnerschaft, Schule, Bildung, ein Leben kann kein Erfolg sein, es kann nur gelingen. Ich fürchte jedoch, so wie es momentan aussieht, haben wir Probleme, dass unser Leben gelingt, angesichts einer radikalisierten Arbeitswelt, dem irrsinnigen Konsum- und Medienhype, von Orientierungslosigkeit, einer Welt von Depression und Burnout, die um sich greifen und auch der Art und Weise, wie viele das Leben mit ihren Kindern gestalten.

„Alles kommt aus dem Kopf" sagte ich früher provozierend. Jetzt weiß ich dank der Gehirnforschung, warum. Es geht darum, wie sehr wir unser Frontalhirn ausbilden: Darin stecken unsere Motive, unsere Werte, unser Gefühlsleben, die Antwort darauf, ob wir opportunistische Egos oder

Gutmenschen sind, die Gemeinschaft leben und liebevoll miteinander umgehen.

Und „Alles ist Psychologie“, die Art und Weise, wie wir Beziehungen leben, wie wir miteinander umgehen, wie wir kommunizieren, ob wir glücklich leben. Das können wir beeinflussen. In letzter Zeit provoziere ich gerne mit den immer gleichen Sätzen: „Du bist doch schon groß“ und „Du hast die Wahl“. Damit möchte ich an Eigenverantwortung appellieren und das Augenmerk darauf richten, wie wir in diesem Land der unbegrenzten Möglichkeiten leben könnten. Wir könnten glücklich leben und unser Leben kann tatsächlich gelingen. Es muss, es wird sich diesbezüglich etwas tun, davon bin ich überzeugt.

TIPP: Lesen Sie Hüther: „Was wir sind und was wir sein könnten.“

Manchmal kommt es mir so vor, als wenn diese grauen, zeitfressenden Herren aus Michael Endes wunderbarem Roman „Momo“ unser Leben dominieren. Wir müssen nicht wie Hamster im Laufrad stressgeplagt leben, uns in den Tretmühlen des Hedonismus unserer Spaßgesellschaft fortbewegen und diesen Medien-, Jugend- und Schönheitskult mitmachen.

Fangen wir mit unseren Kindern an. Geben wir ihnen das, was sie brauchen: Zeit, um mit ihnen Schönes zu tun, zu lachen, Spaß zu haben, Familie und Gemeinschaft zu leben. Zeigen wir ihnen, was in uns brennt, was uns begeistert, damit sie selber Begeisterung entwickeln und ihre Entdeckerfreude ausleben können. Die Kinder werden dann all das finden, was sie wachsen lässt, um autonom und frei zu leben. Dazu müssen wir ihnen unser Vertrauen schenken.

Zum Schluss habe ich eine Bitte: Schreiben Sie mir, inwieweit sie diese Haltung teilen, wie Sie das Leben mit Ihren Kindern gestalten oder wenn Sie das alles ganz anders sehen. Ich freue mich über jedes Feedback: juergen.weigel1@gmx.de

Im Übrigen, zwischen unseren Kindern liegen circa 3 Jahre. Das bedeutete 16 Jahre intensives Kümmern mit mehr oder weniger viel Zeitaufwand. Ich erinnere mich noch an die Entdeckerfreude unserer Tochter mit drei Jahren. An ihr „Schau mal, Papa“ und die vielen Gespräche als ich sie zum Reiten kutschieren durfte. Diese Zeit ist leider vorbei, abgelöst durch neue, schöne Momente mit den erwachsenen Kindern. Daher erlaube ich mir eine letzte Empfehlung: Schätzen Sie diese gemeinsame Zeit und bedenken Sie: **Man kann Kinder auch einfach nur genießen.**

Literatur:

Quellen sind im Text benannt, ansonsten ergehen folgende **Literaturempfehlungen:**

Literatur für Eltern, um eine gesunde Haltung zum Leben mit Kindern zu finden:

Helena Harrysson: Traut euch, Eltern zu sein. – Vom Abenteuer, Familie zu leben, Beltz Verlag, 2010

Darwirs und Moll, Die 10 größten Erziehungsirrtümer, Beltz Verlag, 2010

Andreas Weber: Mehr Matsch, Ullstein Verlag, 2011

Uli Hauser: Eltern brauchen Grenzen, Piper Verlag, 2009

Peter Paulig: Das Kinderversteherbuch, Pattloch-Verlag, 2010

Klaus Schneewind, Beate Böhmert: Kinder im Grundschulalter kompetent erziehen, Verlag Hans Huber, 2008

Michael Winterhoff: Lasst Kinder wieder Kinder sein! Oder: Die Rückkehr zur Intuition, Gütersloher Verlagshaus, 2011

Gerald Hüther: Was wir sind und was wir sein könnten, S. Fischer Verlag, 2011 (genial)

von Jesper Juul, siehe www.familylab.de - (Der Newsletter ist richtig gut!), insbesondere: Aus Erziehung wird Beziehung, (Herder spektrum, 2010), Dein kompetentes Kind – Auf dem Weg zur kompetenten Eltern-Kind-Beziehung, Rowohlt Taschenbuch Verlag, 2009

Jesper Juul: Pubertät, Wenn Erziehung nicht mehr geht, Kösel-Verlag, München, 2010

„Longseller" von Remo Largo: Babyjahre, Kinderjahre, Jugendjahre, sowie: Glückliche Scheidungskinder, Piper Verlag, 2009

An Psychologie Interessierten empfehle ich das Magazin „Psychologie heute", beziehungsweise die Themenhefte „Psychologie heute – Compacts" (siehe www.beltz-verlag.de).

Eine Haltung zum System Schule entwickeln – Schule vom Kind her denken:

Beurteilung der Bücher, siehe Seite 106

Remo Largo: Schülerjahre – ein Plädoyer für eine Kind orientierte Schule Professor

Joachim Bauer: Lob der Schule, Hoffmann und Campe, 2007

Sabine Czerny: Was wir unseren Kindern in der Schule antun, Südwest-Verlag, 2010

Professor Manfred Spitzer: Medizin für die Bildung, Spektrum Sachbuch, 2010

Professor Gerhard Roth: Bildung braucht Persönlichkeit, Klett-Cotta, 2011

DVD Prof. Dr. med. Gerald Hüther: Was Kinder brauchen – Neue Erkenntnisse aus der Hirnforschung, Seminar in Zürich, Juli 2006, Auditorium Netzwerk 2006, jokers edition

DVD: Prof. Dr. med. Gerald Hüther: Was können wir zum Gelingen der Bildung unserer Kinder beitragen AV1 Film + Multimedia

Einen interessanten Einblick in die Welt der Freilerner und „Noschooler" gewährt der Tologo-Verlag (siehe www.tologo-verlag.de); insbesondere das Magazin „unerzogen" ist lesenswert.

Danksagung:

„Herr Weigel, schreiben sie doch ein Buch über Schule." Ohne diesen Anstoß und die damit verbundene Motivation von Professor Peter Paulig hätte ich mich wohl nicht so leicht auf den Weg gemacht ein Buch zu schreiben. Dafür bin ich Professor Paulig dankbar. Es ist jetzt zwar kein Buch über Schule geworden, sondern der Versuch eines „Ermunterungsbuchs" für Eltern.

Danken möchte ich Michael, Robby, Alex und Tobi, die mich mit ihrem Interesse anspornten, am „Ball zu bleiben" und das Buch zu einem Ende zu bringen.

Wenn man schreibt ist man im „Tunnel" und das kann Mitmenschen belasten. Meiner Frau möchte ich daher für ihr Verständnis und ihre Geduld in dieser Zeit danken.

Meinen beiden Kindern bin ich dankbar, weil sie so sind, wie sie sind und mir das Gefühl geben, dass man vieles im Leben richtig gemacht hat.

Meinen Schülern bin ich verbunden, weil sie mir das Leben leicht machen und mich zu der Einstellung führten, dass mein Berufsleben Sinn macht und ich mich als glücklichen Lehrer bezeichnen kann.

Ich bin so vielen Kolleginnen und Kollegen dankbar für ihr Verständnis, dass ich unermüdlich Schule neu denke und diesbezüglich in meinen Forderungen ganz schön anstrengend sein kann. Einigen bin ich insbesondere für die Solidarität dankbar, dass die Aufgabe von Schule vor allem Herzens- und Persönlichkeitsbildung ist.

Herzlich danken möchte ich auch meinem Lektor Sebastian Driemer für seine Arbeit und dem Verleger Herrn Hemmann, weil er mit dem Engelsdorfer Verlag unbekannten Autoren ein Forum bietet, ihr Buch zu fairen Konditionen zu veröffentlichen.